〈対訳 日本国憲法

たらしい憲法
はなし　他二篇

高見勝利［編］

岩波書店

目　次

新憲法の解説

新しい憲法　明るい生活

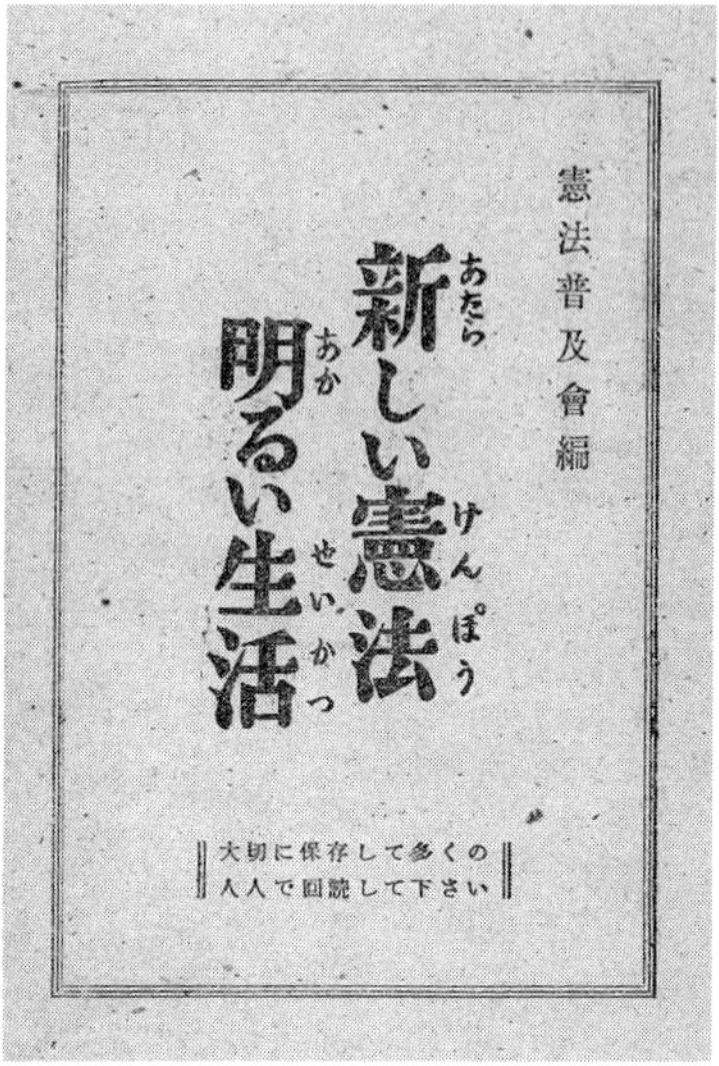

一九四七年五月三日発行。二〇〇〇万部が全国の家庭に配布された。当時、日本の総人口は、約七八六二万人(一九四七年臨時国勢調査[補正値])。なお、一九五〇年国勢調査では、総人口八三二〇万人、二〇歳以上の人口約四五二〇万人、世帯数約一六四二万)であった。したがって、上記発行部数からして、有権者の二人もしくは三人に一冊は確実にゆきわたっていたことになる。また、世帯単位では、全世帯に少なくとも一冊は届けられていたことになる。当時からある古い屋敷住まいなら、引き出しの片隅や押し入れの奥などから、いまでもひょいと出てくるかも知れない。なお、本冊子は、当時一〇万人いるといわれた視覚障害者のために点字版を作成し、関連する学校・団体や憲法普及会支部を通じて配布されている。掌篇とはいえ、「人類普遍の真理が国民生活の上に実現せられるよう」(金森徳次郎「憲法東西南北」『サンデー毎日』一九四八年五月九日号)ものされた労作といえよう。

新しい日本のために——発刊のことば

古い日本は影をひそめて、新しい日本が誕生した。生れかわった日本には新しい国の歩み方と明るい幸福な生活の標準とがなくてはならない。これを定めたものが新憲法である。

日本国民がお互いに人格を尊重すること。民主主義を正しく実行すること。平和を愛する精神をもって世界の諸国と交りをあつくすること。

新憲法にもられたこれらのことは、すべて新日本の生きる道であり、また人間として生きがいのある生活をいとなむための根本精神でもある。まことに新憲法は、日本人の進むべき大道をさし示したものであって、われわれの日常生活の指針であり、日本国民の理想と抱負とをおりこんだ立派な法典である。

わが国が生れかわってよい国となるには、ぜひとも新憲法がわれわれの血となり、肉となるように、その精神をいかしてゆかなければならない。実行がともなわない憲法は死んだ文章にすぎないのである。

新憲法が大たん率直に「われわれはもう戦争をしない」と宣言したことは、人類の高い理想をいいあらわしたものであって、平和世界の建設こそ日本が再生する唯一の途である。今後われわれは平和の旗をかかげて、民主主義のいしずえの上に、文化の香り高い祖国を築きあげてゆかなければならない。

新憲法の施行に際し、本会がこの冊子を刊行したのもこの主旨からである。

昭和二十二年五月三日

憲法普及会会長　芦　田　均

新憲法の特色――私たちの生活はどうなる

◇生れかわる日本

昭和二十二年(一九四七年)五月三日――それは私たち日本国民が永久に忘れてはならない新日本の誕生日である。私たちが久しい間待ち望んでいた新憲法が、この日を期して実施されるのである。

新憲法が私たちに与えてくれた最も大きな贈りものは民主主義である。民主主義政治ということを一口に説明すれば「国民による、国民のための、国民の政治」ということである。民主的な憲法のもとでは国民が政治をうごかす力を持ち、政府も、役人も、私たちによってかえることができる。多数のものが望むこと、多数のものがよいときめて法律で定めたこと、これを実行してゆくのが民主主義である。

私たちは民主主義を口にする前に、まずすべてのものごとをよく知り、正しい判断を持つように心がけなければならない。特にわが国では今まで政治は一部の人々が思うままに動かしていたため、一般国民は政治について教えられることが少く、自分の意見をのべることも窮屈であった。また自分の考えをまとめるだけの勉強も足りなかった。だから私たちは新憲法の実施をよい機会として政治のことを熱心に学ぶ必要がある。なぜならばこれからは政治の責任はすべて私たちみんながおうことになったからである。

新憲法はわが国に長い間続いてきた古い因襲を大幅に改めることになった。家族制度も大きくかわった。女の地位も男と同等となった。憲法に附属する民法その他の法律によってこまかい点は数えきれないほどかわってくる。このように法律だけが新しくなっても、かんじんの頭の切りかえができなくては何の役にも立たない。

新憲法と共に新しく生れかわる日本——私たちも今こそ生れかわった気持で、この新しい時代に生きぬいてゆこう。

◇明るく平和な国へ

私たちの日本を明るく平和な住みよい国にすること——これが新憲法の目的である。新憲法の前文にはこの目的が力強くのべてある。

旧憲法では国の政治の最高の権限は天皇がお持ちになっていた。そのため一部の軍人や重臣などが天皇の名をかりて、わがまま勝手にふるまい、悪い政治を行うすきが多かった。

新憲法では国の政治を行う大もとの力は国民全体にあることが明かにされた。従って国の政治は何よりもまず国民全体が幸福な生活ができるように行われなければならない。決して特別な地位にある人や、一部の少数の人々のために行われるのではないことが、はっきりと示されたのである。

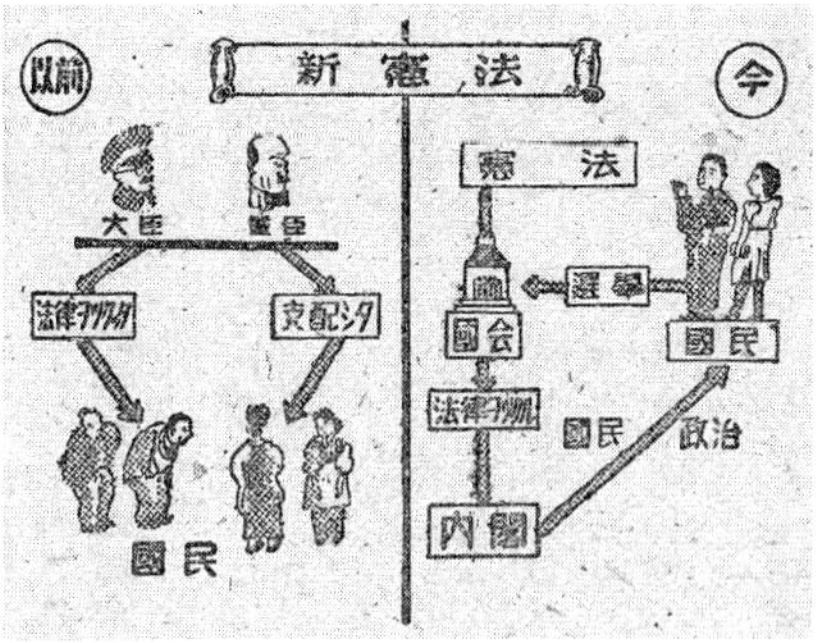

◇私たちの天皇

天皇は神様の子孫であるからというような神話をもととして、天皇の地位や権限をこの上なく重んじていたのが今日までのゆき方であった。

新憲法では天皇は日本の国の象徴であり、国民結び合いの象徴であるということが示されてある(第一条)。これは私たち国民全体の天皇にたいする共通の気持をそのままあらわしたものである。

象徴というのは一つの「めじるし」であって、これによって国そのもの、または国民結び合いの実際の姿がありありとわかることをいうのである。富士山をみれば美しい日本の国が、また桜をみればなごやかな日本の春がわかるというのが、そのおよその意味である。

新憲法では天皇は従来とは違って国のいろいろの政治に当られないこととなり、政治の責任はすべて内閣、国会、最高裁判所がおうことになった。政治以外の国家的な行事についても、天皇の当られる国事は非常にすくなくなった。(第三条―第七条)

　このように天皇についての憲法の定めがかわったので、わが国の国柄まですっかりかわってしまったように思う人もある。たしかに政治をうごかす力は私たち国民のものであるということがはっきりと示されたし、形の上では、ずい分かわった。しかし私たちの天皇にたいする尊敬と信頼の気持による結びつき、天皇を中心として私たち国民が一つに結び合っているという昔からの国柄は少しもかわらないのであるから国体はかわらないといえるのである。

◇もう戦争はしない

　私たち日本国民はもう二度と再び戦争をしないと誓った。（第九条）これは新憲法の最も大きな特色であって、これほどはっきり平和主義を明かにした憲法は世界にもその例がない。

　私たちは戦争のない、ほんとうに平和な世界をつくりたい。このために私たちは陸海空軍などの軍備をふりすてて、全くはだか身となって平和を守ることを世界に向って約束したのである。わが国の歴史をふりかえってみると、いままでの日本は武力に

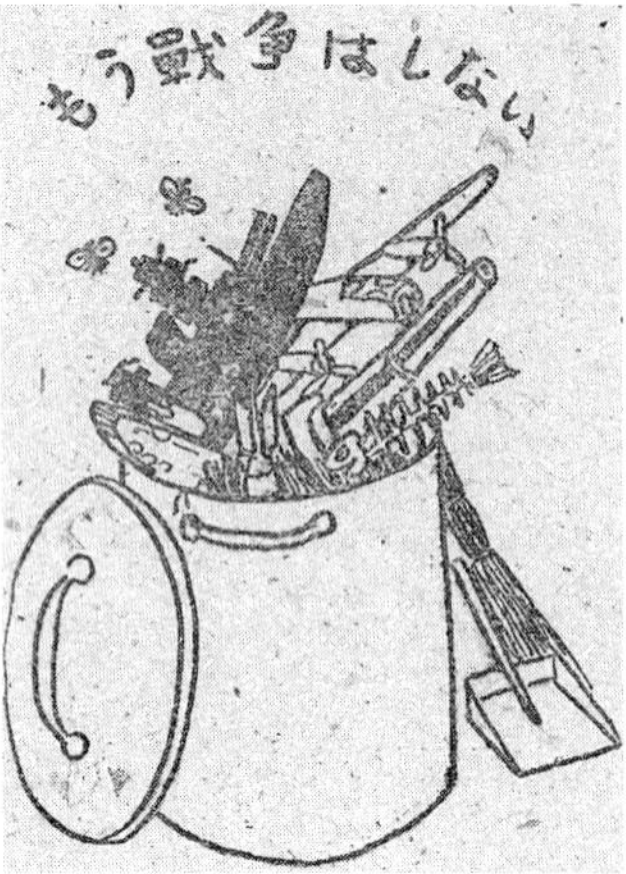

よって国家の運命をのばそうという誤った道にふみ迷っていた。殊に近年は政治の実権を握っていた者たちが、この目的を達するために国民生活を犠牲にして軍備を大きくし、ついに太平洋戦争のような無謀な戦いをいどんだ。その結果は世界の平和と文化を破壊するのみであった。しかし太平洋戦争の敗戦は私たちを正しい道へ案内してくれる機会となったのである。

新憲法ですべての軍備を自らふりすてた日本は今後「もう戦争をしない」と誓うばかりではたりない。進んで芸術や科学や平和産業などによって、文化国家として世界の一等国になるように努めなければならない。それが私たち国民の持つ大きな義務であり、心からの希望である。

世界のすべての国民は平和を愛し、二度と戦争の起らぬことを望んでいる。私たちは世界にさきがけて「戦争をしない」という大きな理想をかかげ、これを忠実に実行するとともに「戦争のない世界」をつくり上げるために、あらゆる努力を捧げよう。これこそ新日本の理想であり、私たちの誓いでなければならない。

◇人はみんな平等だ

人はだれでもみんな生れながらに「人としての尊さ」をもっている。この尊さをおかされないことが人として最も大切な権利であろう。新憲法は何よりさきに、まずこの権利を与えてくれる。(第十一条)

そして私たちの生命や自由を守り、幸福な生活ができるように、政治の上でもいろいろと考えてくれるように約束されている。新憲法はこの考えをもととして十分な自由と権利とを与えてくれたのである。(第十三条)

軍閥が政治を行った時代には「国家のために」とか「国民全体のために」とかいう名目によって、私たちは、一部の政治権力を握る人々のために、働かされたり、権利をふみにじられたこともしばしばあった。これからは私たちは自分の権利を守ることができるというばかりでなく、国の政治は国民みんなの自由と幸福を何よりも大切に考えて行われることになった。

またすべての国民は法律上は全く平等であって、あの人は家柄がいいから私たちよりえらいとか、女は男より卑しいものだとか、そんな差別は一切ゆるされないこととなった。華族制度も廃止されて国民はみな平等の時代となったのである。(第十四条)

◇義務と責任が大切

私たちは新憲法によって、ずいぶん多くの自由や権利を与えられたが、一生懸命努力して、これを大切に守ってゆく義務がある。自由といっても他人の迷惑も考えずに勝手気ままにふるまうことではない。権利だからといって無暗やたらにこれをふり廻してはならない。私たちは自分の自由や権利を、いつでもできるだけ多くの人々のしあわせに役立つように使うことが大切である。(第十二条)

もしも各人がこの心がけを持たないで、民主主義をはき違え自分勝手なことばかりしていたなら世の中は今までよりも一そう住みにくいものになってしまうだろう。私たちは権利や自由が常に義務と責任とを伴うことを忘れてはならない。

◇自由のよろこび

「自由」とはいったい何であろうか。一口にいえば、自分の良心に従って生きることである。長い間私たちには、その自由さえも制限されていた。私たちは何とかしてもっと自由がほしいと願っていた。いまその願いが果されたのである。

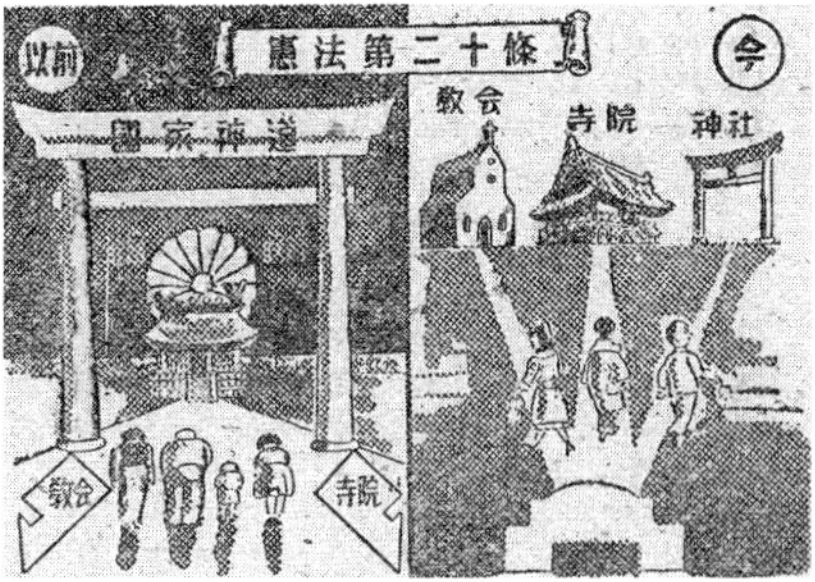

私たちはどんな考えを持ってもよい（第十九条）。神道でも、キリスト教でも、仏教でも、その他どんな宗教を信じてもよい。政府が私たちにたいして特別の宗教教育を行い、この宗教を信じなければいけないなどといいつけることは許されなくなった。（第二十条）

私たちは、どんな会合をやっても、どんな団体をつくっても自由である。演説をしたり、新聞や雑誌を出したりすることも自由になった。どんな職業をえらんでもいいし、学問の自由もまた認められた。

これらはいずれも新憲法が私たちに与えてくれた贈りものである。(第二十一条―第二十三条)

◇女も男と同権

わが国では、とかく女は男より一段と低いものとして扱われがちであった。人としての尊さは、女も男と何のかわりもない。

これまで結婚の場合など、自分がいやだと思っても親の意見に従わなければならぬことがあった。しかし新憲法では、結婚は男女双方の気持があった場合だけに行われるので、自分の心に合わない結婚をさせられることのないように定めてある。

また夫婦は同等の権利を持ち、財産のことや相続のことについても、今までのように男だけを重く扱い女を軽んずるということのないようになった(第二十四条)。戸主や父親だけが特別に一家の中心となっていたわが国のむかしからの「家」の制度もかわって、お互いの人格を尊び男女の平等を主眼として家庭を営むように改められた。

このように男と女は全く平等になり、いままでのような家族制度にしばられることはなくなった。そのかわりこれからの男女は結婚や夫婦生活に対して全く自分で責任をおう必要がある。

とくに日本の女は、いままで親や親族のいうままになることに慣れていたから、この大切な判断をする力にかけたところがある。新憲法で高められた女の地位を生かすためには、日本の女はさらに一層その見識を深めるように努力しなければならない。

◇健康で明るい生活

世間を見わたすと不幸な人は沢山ある。乞食、浮浪者、ゆき倒れの病人など、こういう気の毒な人々が戦争後はいよいよ多くなってきた。

新憲法ではすべての国民は健康で文化的な最低限度の生活を営むことを認めており、国は気の毒な人々を助け、国民一人残らず人間らしい生活のできるように努めなければならないと定めてある。（第二十五条）

また国民はすべて働く権利と義務があり、働きたい人に職を与えることも国の仕事の一つとなった。また児童に無理な働きをさせてはならない。（第二十七条）

働く人々が団結して組合をつくり、会社や工場の雇主に対して働く時間のことや賃金のことなどをかけ合うこともはじめて認められた権利である。（第二十八条）

◇役人は公僕である

憲法に定めがあったにもかかわらず、実際には最近まで警察や検事局が国民を手続なしに捕えて幾日も留置場へ入れておいたり、むごい方法で取調べを行い、むりやりに自白させたりすることも少くなかった。

新憲法ではすべてこうした不法なひどいことを固く禁じた。また罪を犯した者も必ず速かに公平な公開の裁判を受けられるようになった。もし間違って罪人の扱いを受

けた場合は国に対しての損害の賠償も求めることが出来るようになった。(第三十一条—第四十条)

これからは悪いことをしない限り、いたずらに警察や検事局をこわがる必要はなくなった。そればかりかこれからの役人は国民の生活を守ってくれる私たちの「公僕」となった。

◇国会は私たちの代表

わが国の政治のしくみは国会と内閣と裁判所の三つに分けられている。国会は国の予算をきめたり、法律をつくったり、内閣はこの法律によって政治を行い、裁判所はこの法律を正しく解釈してそれを実行するのである。

従って国の最高の権力を握っているものは国会であって、これがただ一つの立法機関である(第四十一条)。その国会の議員をえらぶのは、私たち国民であるから、私たちは、とりもなおさず国の政治の一番の大もとである。

国会は衆議院と参議院の二つから成りたっている。衆議院の組織はこれまでと大差

ないが、参議院はこれまでの貴族院が、皇族、華族および一部の特権階級の人々からできていたのとちがって、衆議院と同じように、やはり私たちが選挙によって選んだ議員で組織することになった。（第四十二条―第六十四条）

国の政治に必要な費用をどう使うかということも国会できめる。

また新しい税金をとることや税金の種類をかえることも国会が法律としてきめなければやれない。（第八十三条―第八十六条）

このように国会議員の任務は、この上もなく重いものであるから私たちはほんとうに信頼のできる立派な人物をえらばなければならない。そして国の政治をになうものは結局は国民自身であることを私たちは深く考えなければならないのである。

◇総理大臣も私たちが選ぶ

国の政治の責任をになうものは内閣である。その内閣の長は総理大臣である。総理大臣は国会議員の中から国会が指名してきめるのである。つまり総理大臣も私たちが選ぶことになるわけだ。（第六十七条）

その他の国務大臣は総理大臣が任命し、その半数以上は国会議員でなければならない。（第六十八条）

このようにしてできた内閣は国会に対して責任をおうのであるが、一切の行政は内閣によって行われるものである。

◇裁判所は憲法の番人

新憲法では司法権は裁判所で行うものと定めた。最高裁判所はこれまでと違って憲法にそむくような法律は、これを無効とすることができる。

このように裁判所の地位は新憲法によって著しく高く重要なものとなったが、それと同時に国民と国会との力でこれを監視することができるようになった。例えば最高裁判所の裁判官は内閣が任命するものであるけれども、これには私たち国民がよろしいと認めることが必要である。またもしも裁判官が不適任であれば、国会によってその裁判官をやめさせることもできる。(第七十九条)

◇知事も私たちが選挙

民主主義の政治はただ中央の政治ばかりでなく、私たちの生活にとって最も身近かな都道府県や市町村の行政から行われなければならない。

これまでの憲法では地方行政のことについては何の定めもなかった。そして政府が都道府県の知事を任命し、政府のきめた中央の方針を地方に押しつけ、地方の実際の状態に合った政治が行われることは少かった。

そこで新憲法では都道府県や市町村の政治は、その土地に住む人々が自分たちの責任で自分たちの選んだ代表者により行うことにきめられた。

つまり東京都や北海道の長官、各府県の知事は、これからは私たちが選挙してきめることとなり、市長村長もまた私たちが直接に選挙するのである。（第九十二条、第九十三条）

こうして地方の政治も完全に私たちの手で行われることとなった。この地方自治こそ民主政治のもとである。

◇私たちのおさめる日本

このように新憲法は新しい日本の骨組を定め、また私たちや私たちの子孫に対して大切な権利を約束してくれた。この新憲法はわが国の最高の定めであって、他の法律や命令などもすべてこの定めにもとづくものである。

もとより前にのべたように国会や内閣や裁判所などがあって、それぞれの仕事を分担しているけれども、わが国の政治の一番大もとの力は私たち国民の手にあるのである。

日本をよい国にし、私たちの生活を明るくするためには、何よりも私たち国民の一人一人が、この憲法を正しく守ってゆく心がけが大切である。

私たちは新憲法の実施を迎え、新日本の誕生を心から祝うとともに、この新憲法をつらぬいている民主政治と、国際平和の輝かしい精神を守りぬくために、全力をつくすことを誓おうではないか。

あたらしい憲法のはなし

一九四七年八月二日に文部省が発行した中学一年生用の教材。挿絵は、本来、言葉で表現された本文の内容を分かりやすくするためのものである。しかし、その本文に書き記された意味内容はすっかり忘れ去ってしまっても、そこに添えられた挿絵だけは何時までも脳裏に焼き付いて離れない場合がある。魚骨と一緒にポンコツの戦車や戦闘機・軍艦・砲弾などを生ゴミ缶に放り込んだ「もう戦争はしない」の解説に付された挿絵(本書一〇頁)もそうしたものの一つである。この挿絵は、上記の武器を溶かす巨大な熔炉から汽船や電車・消防車等が次々と再生されてゆく「戦争の放棄」の挿絵(同四一頁)にも存分に生かされている。これらの挿絵は、言葉では語り尽くせない憲法第九条の「精神」をみごとに描出した傑作である。

一　憲法

みなさん、あたらしい憲法ができました。そうして昭和二十二年五月三日から、私たち日本国民は、この憲法を守ってゆくことになりました。このあたらしい憲法をこしらえるために、たくさんの人々が、たいへん苦心をなさいました。ところでみなさんは、憲法というものはどんなものかごぞんじですか。じぶんの身にかかわりのないことのようにおもっている人はないでしょうか。もしそうならば、それは大きなまちがいです。

国の仕事は、一日も休むことはできません。また、国を治めてゆく仕事のやりかたは、はっきりときめておかなければなりません。そのためには、いろいろ規則がいるのです。この規則はたくさんありますが、そのうちで、いちばん大事な規則が憲法です。

国をどういうふうに治め、国の仕事をどういうふうにやってゆくかということをきめた、いちばん根本になっている規則が憲法です。もしみなさんの家の柱がなくなったとしたらどうでしょう。家はたちまちたおれてしまうでしょう。いま国を家にたとえると、ちょうど柱にあたるものが憲法です。もし憲法がなければ、国の中におおぜいの人がいても、どうして国を治めてゆくかということがわかりません。それでどこの国でも、憲法をいちばん大事な規則として、これをたいせつに守ってゆくのです。国でいちばん大事な規則は、いいかえれば、いちばん高い位にある規則ですから、これを国の「最高法規」というのです。

ところがこの憲法には、いまおはなししたように、国の仕事のやりかたのほかに、もう一つ大事なことが書いてあるのです。それは国民の権利のことです。この権利のことは、あとでくわしくおはなししますから、ここではただ、なぜそれが、国の仕事のやりかたをきめた規則と同じように大事であるか、ということだけをおはなししておきましょう。

みなさんは日本国民のうちのひとりです。国民のひとりひとりが、かしこくなり、強くならなければ、国民ぜんたいがかしこく、また、強くなれません。国の力のもとは、ひとりひとりの国民にあります。そこで国は、この国民のひとりひとりの力をはっきりとみとめて、しっかりと守ってゆくのです。そのために、国民のひとりひとりに、いろいろ大事な権利があることを、憲法できめているのです。この国民の大事な権利のことを「基本的人権」というのです。これも憲法の中に書いてあるのです。

　そこでもういちど、憲法とはどういうものであるかということを申しておきます。憲法とは、国でいちばん大事な規則、すなわち「最高法規」というもので、その中には、だいたい二つのことが記されています。その一つは、国の治めかた、国の仕事のやりかたをきめた規則です。もう一つは、国民のいちばん大事な権利、すなわち「基本的人権」をきめた規則です。このほかにまた憲法は、その必要により、いろいろのことをきめることがあります。こんどの憲法にも、あとでおはなしするように、これからは戦争をけっしてしないという、たいせつなことがきめられています。

　これまであった憲法は、明治二十二年にできたもので、これは明治天皇がおつくりになって、国民にあたえられたものです。しかし、こんどのあたらしい憲法

は、日本国民がじぶんでつくったもので、日本国民ぜんたいの意見で、自由につくられたものであります。この国民ぜんたいの意見を知るために、昭和二十一年四月十日に総選挙が行われ、あたらしい国民の代表がえらばれて、その人々がこの憲法をつくったのです。それで、あたらしい憲法は、国民ぜんたいでつくったということになるのです。

みなさんも日本国民のひとりです。そうすれば、この憲法は、みなさんのつくったものです。みなさんは、じぶんでつくったものを、大事になさるでしょう。こんどの憲法は、みなさんをふくめた国民ぜんたいのつくったものであり、国でいちばん大事な規則であるとするならば、みなさんは、国民のひとりとして、しっかりとこの憲法を守ってゆかなければなりません。そのためには、まずこの憲法に、どういうことが書いてあるかを、はっきりと知らなければなりません。

みなさんが、何かゲームのために規則のようなものをきめるときに、みんないっしょに書いてしまっては、わかりにくいでしょう。国の規則もそれと同じで、一つ一つ事柄にしたがって分けて書き、それに番号をつけて、第何条、第何条というように順々に記します。こんどの憲法は、第一条から第百三条まであります。そうしてそのほかに、前書が、いちばんはじめにつけてあります。これを「前文」といいます。

この前文には、だれがこの憲法をつくったかということや、どんな考えでこの憲法の規則ができているかということなどが記されています。この前文というものは、二つのはたらきをするのです。その一つは、みなさんが憲法をよんで、その意味を知ろうとするときに、手びきになることです。つまりこんどの憲法は、この前文に記されたような考えからできたものですから、前文にある考えと、ちがったふうに考えてはならないということです。もう一つのはたらきは、これからさき、この憲法をかえるときに、この前文に記された考え方と、ちがうようなかえかたをしてはならないということです。

それなら、この前文の考えというのはなんでしょう。いちばん大事な考えが三つあります。それは、「民主主義」と「国際平

和主義」と「主権在民主義」です。「主義」という言葉をつかうと、なんだかむずかしくきこえますけれども、少しもむずかしく考えることはありません。主義というのは、正しいと思う、もののやりかたのことです。それでみなさんは、この三つのことを知らなければなりません。まず「民主主義」からおはなししましょう。

二　民主主義とは

こんどの憲法の根本となっている考えの第一は民主主義です。ところで民主主義とは、いったいどういうことでしょう。これがあたらしい憲法の根本になっているものとすれば、みなさんは、はっきりとこれを知っておかなければなりません。しかも正しく知っておかなければなりません。

みなさんがおおぜいあつまって、いっしょに何かするときのことを考えてごらんなさい。だれの意見で物事をきめますか。もしもみんなの意見が同じなら、もんだいはありません。もし意見が分かれたときは、どうしますか。ひとりの意見できめますか。

二人の意見できめますか。それともおおぜいの意見できめますか。どれがよいでしょう。ひとりの意見が、正しくすぐれていて、おおぜいの意見がまちがっておとっていることもあります。しかし、そのはんたいのことがもっと多いでしょう。そこで、まずみんなが十分にじぶんの考えをはなしあったあとで、おおぜいの意見で物事をきめてゆくのが、いちばんまちがいがないということになります。そうして、あとの人は、このおおぜいの人の意見に、すなおにしたがってゆくのがよいのです。このなるべくおおぜいの人の意見で、物事をきめてゆくことが、民主主義のやりかたです。

国を治めてゆくのもこれと同じです。わずかの人の意見で国を治めてゆくのは、よくないのです。国民ぜんたいの意見で、国を治めてゆくのがいちばんよいのです。つまり国民ぜんたいが、国を治めてゆく――これが民主主義の治めかたです。

しかし国は、みなさんの学級とはちがいます。国民ぜんたいが、ひとところにあつまって、そうだんすることはできません。ひとりひとりの意見をきいてまわることもできません。そこで、みんなの代わりになって、国の仕事のやりかたをきめるものがなければなりません。それが国会です。国民が、国会の議員を選挙するのは、じぶんの代わりになって、国を治めてゆく者をえらぶのです。だから国会では、なんでも、国民の代わりである議員のおおぜいの意見で物事をきめます。そうしてほかの議員は、これにしたがいます。これが国民ぜんたいの意見で物事をきめたことになるのです。これが民主主義です。ですから、民主主義とは、国民ぜんたいで、国を治めてゆくことです。みんなの意見で物事をきめてゆくのが、いちばんまちがいがすくないのです。だから民主主義で国を治めてゆけば、みなさんは幸福になり、また国もさかえてゆくでしょう。

国は大きいので、このように国の仕事を国会の議員にまかせてきめてゆきますから、国会は国民の代わりになるものです。この「代わりになる」ということを「代表」といいます。まえに申しましたように、民主主義は、国民ぜんたいで国を治めてゆくことですが、国会が国民ぜんたいを代表して、国のことをきめてゆきますから、これを「代表制民主主義」のやりかたといいます。

しかしいちばん大事なことは、国会にまかせておかないで、国民が、じぶんで意見をきめることがあります。こんどの憲法でも、たとえばこの憲法をかえるときは、国会だけできめないで、国民ひとりひとりが、賛成か反対かを投票してきめることになっています。このときは、国民が直接に国のことをきめますから、これを「直接民主主義」のやりかたといいます。あたらしい憲法は、代表制民主主義と直接民主主義と、二つのやりかたで国を治めてゆくことにしていますが、代表制民主主義のやりかたのほうが、おもになっていて、直接民主主義のやりかたは、いちばん大事なことにかぎられているのです。だからこんどの憲法は、だいたい代表制民主主義のやりかたになっているといってもよいのです。

みなさんは日本国民のひとりです。しかしまだこどもです。国のことは、みなさんが二十歳になって、はじめてきめてゆくことができるのです。国会の議員をえらぶのも、国のことについて投票するのも、みなさんが二十歳になってはじめてできることです。みなさんのおにいさんや、おねえさんには、二十歳以上の方もおいででしょう。そのおにいさんやおねえさんが、選挙の投票にゆかれるのをみて、みなさんはどんな気がしましたか。いまのうちに、よく勉強して、国を治めることや、憲法のことなどを、よく知っておいてください。もうすぐみなさんも、おにいさんやおねえさんといっしょに、国のことを、じぶんできめてゆくことができるのです。みなさんの考えとはたらきで国が治まってゆくのです。みんながなかよく、じぶんで、じぶんの国のことをやってゆくくらい、たのしいことはありません。これが民主主義というものです。

三　国際平和主義

国の中で、国民ぜんたいで、物事をきめてゆくことを、民主主義といいましたが、国民の意見は、人によってずいぶんちがっています。しかし、おおぜいのほうの意見に、すなおにしたがってゆき、またそのおおぜいのほうも、すくないほうの意見をよくきいてじぶんの意見をきめ、みんなが、なかよく国の仕事をやってゆく

のでなければ、民主主義のやりかたは、なりたたないのです。

これは、一つの国について申しましたが、国と国との間のことも同じことです。じぶんの国のことばかりを考え、じぶんの国のためばかりを考えて、ほかの国の立場を考えないでは、世界中の国が、なかよくしてゆくことはできません。世界中の国が、いくさをしないで、なかよくやってゆくことを、国際平和主義といいます。だから民

主主義ということは、この国際平和主義と、たいへんふかい関係があるのです。こんどの憲法で民主主義のやりかたをきめたからには、またほかの国にたいしても国際平和主義でやってゆくということになるのは、あたりまえであります。この国際平和主義をわすれて、じぶんの国のことばかり考えていたので、とうとう戦争をはじめてしまったのです。そこであたらしい憲法では、前文の中に、これからは、この国際平和主義でやってゆくということを、力強いことばで書いてあります。またこの考えが、あとでのべる戦争の放棄、すなわち、これからは、いっさい、いくさはしないということをきめることになってゆくのであります。

四　主権在民主義

みなさんがあつまって、だれがいちばんえらいかをきめてごらんなさい。いったい「いちばんえらい」というのは、どういうことでしょう。勉強のよくできることでしょうか。それとも力の強いことでしょうか。いろいろきめかたがあってむずかしいことです。

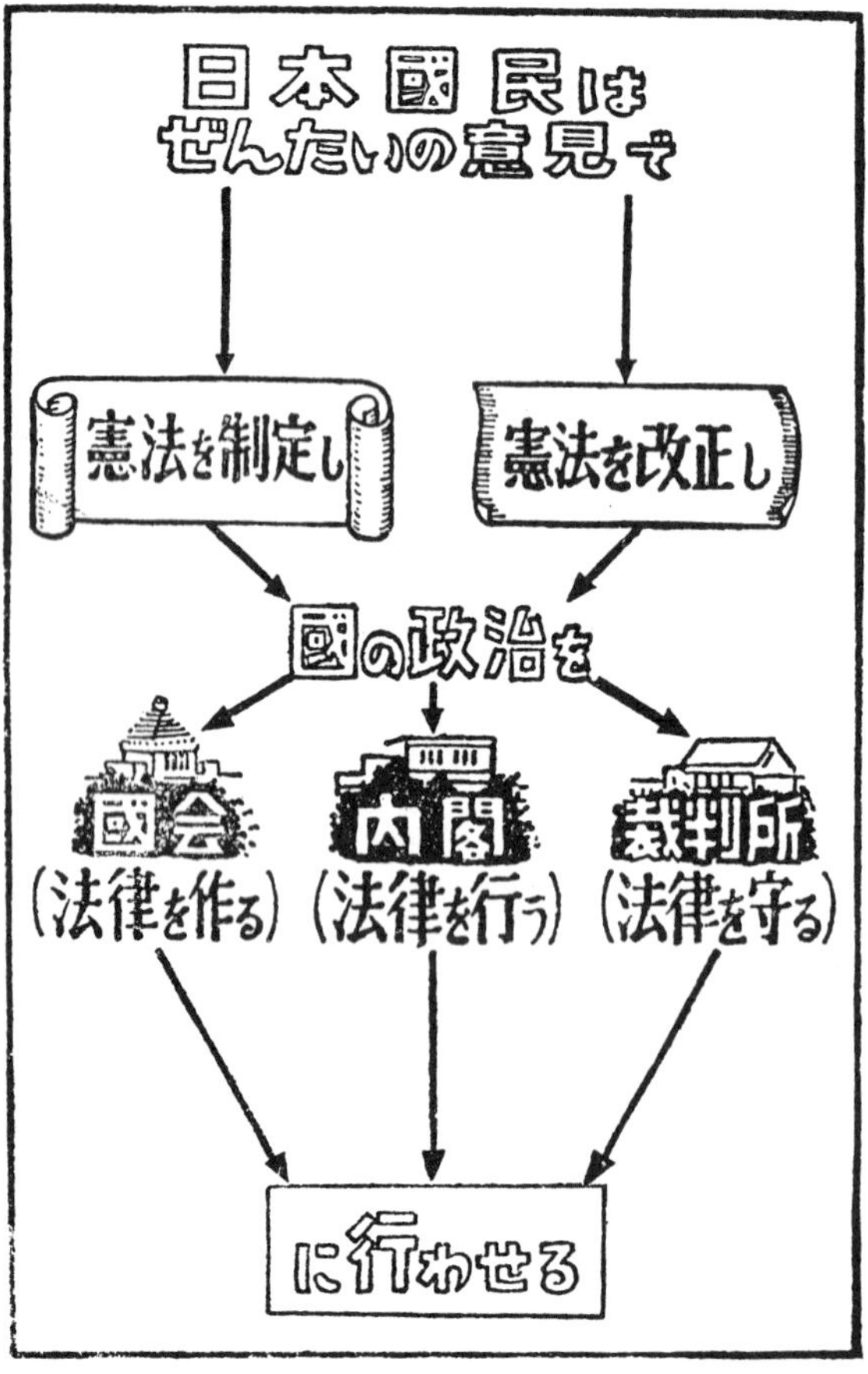
日本國民は
ぜんたいの意見で
憲法を制定し
憲法を改正し
國の政治を
國会
（法律を作る）
内閣
（法律を行う）
裁判所
（法律を守る）
に行わせる

国では、だれが「いちばんえらい」といえるでしょう。もし国の仕事が、ひとりの考えできまるならば、そのひとりが、いちばんえらいといわなければなりません。もしおおぜいの考えできまるなら、そのおおぜいが、みないちばんえらいことになります。もし国民ぜんたいの考えできまるならば、国民ぜんたいが、いちばんえらいのです。こんどの憲法は、民主主義の憲法ですから、国民ぜんたいの考えで国を治めてゆきます。そうすると、国民ぜんたいがいちばん、えらいといわなければなりません。

国を治めてゆく力のことを「主権」といいますが、この力が国民ぜんたいにあれば、これを「主権は国民にある」といいます。こんどの憲法は、いま申しましたように、民主主義を根本の考えとしていますから、主権は、とうぜん日本国民にあるわけです。そこで前文の中にも、また憲法の第一条にも、「主権が国民に存する」とはっきりかいてあるのです。主権が国民にあることを、「主権在民」といいます。あたらしい憲法は、主権在民という考えでできていますから、主権在民主義の憲法であるということになるのです。

みなさんは、日本国民のひとりです。主権をもっている日本国民のひとりです。しかし、主権は日本国民ぜんたいにあるのです。ひとりひとりが、べつべつにもっているのではありません。ひとりひとりが、みなじぶんがいちばんえらいと思って、勝手なことをしてもよいということでは、けっしてありません。それは民主主義にあわないことになります。みなさんは、主権をもっている日本国民のひとりであるということに、ほこりをもつとともに、責任を感じなければなりません。よいこどもであるとともに、よい国民でなければなりません。

五　天皇陛下

こんどの戦争で、天皇陛下は、たいへんごくろうをなさいました。なぜならば、古い憲法では、天皇をお助けして国の仕事をした人々は、国民ぜんたいがえらんだものでなかったので、国民の考えとはなれて、とうとう戦争になったからです。そこで、これからさき国を治めてゆくについて、二度とこのようなことのないように、あたらしい憲法をこしらえるとき、たいへん苦心をいたしました。ですから、天皇は、憲法で定めたお仕事だけをされ、政治には関係されないことになりました。

憲法は、天皇陛下を「象徴」としてゆくことにきめました。みなさんは、この象徴

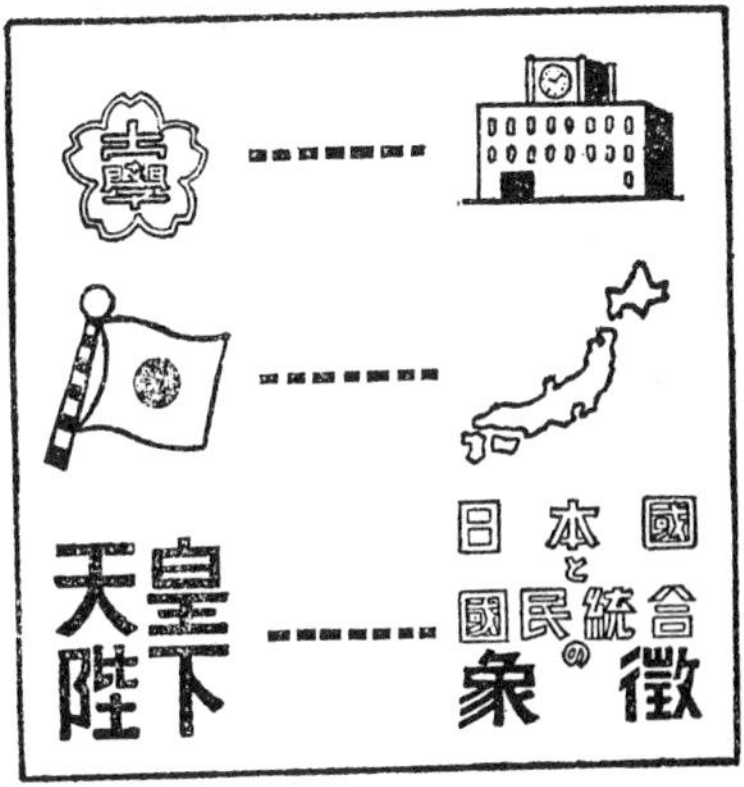

ということを、はっきり知らなければなりません。日の丸の国旗を見れば、日本の国をおもいだすでしょう。国旗が国の代わりになって、国をあらわすからです。みなさんの学校の記章を見れば、どこの学校の生徒かがわかるでしょう。記章が学校の代わりになって、学校をあらわすからです。いまここに何か眼に見えるものがあって、ほかの眼に見えないものの代わりになって、それをあらわすときに、これを「象徴」ということばでいいあらわすのです。こんどの憲法の第一条は、天皇陛下を「日本国の象徴」としているのです。つまり天皇陛下は、日本の国をあらわされるお方ということであります。

また憲法第一条は、天皇陛下を「日本国民統合の象徴」であるとも書いてあるのです。「統合」というのは「一つにまとまっている」ということです。つまり天皇陛下は、一つにまとまった日本国民の象徴でいらっしゃいます。これは、私たち日本国民ぜんたいの中心としておいでになるお方ということなのです。それで天皇陛下は、日本国民ぜんたいをあらわされるのです。

このような地位に天皇陛下をお置き申したのは、日本国民ぜんたいの考えにあるのです。これからさき、国を治めてゆく仕事は、みな国民がじぶんでやってゆかなければなりません。天皇陛下は、けっして神様ではありません。国民と同じような人間でいらっしゃいます。ラジオのほうそうもなさいました。小さな町のすみにもおいでになりました。ですから私たちは、天皇陛下を私たちのまん中にしっかりとお置きして、国を治めてゆくについてごくろうのないようにしなければなりません。これで憲法が天皇陛下を象徴とした意味がおわかりでしょう。

六　戦争の放棄

みなさんの中には、こんどの戦争に、おとうさんやにいさんを送りだされた人も多いでしょう。ごぶじにおかえりになったでしょうか。それともとうとうおかえりにならなかったでしょうか。また、くうしゅうで、家やうちの人を、なくされた人も多い

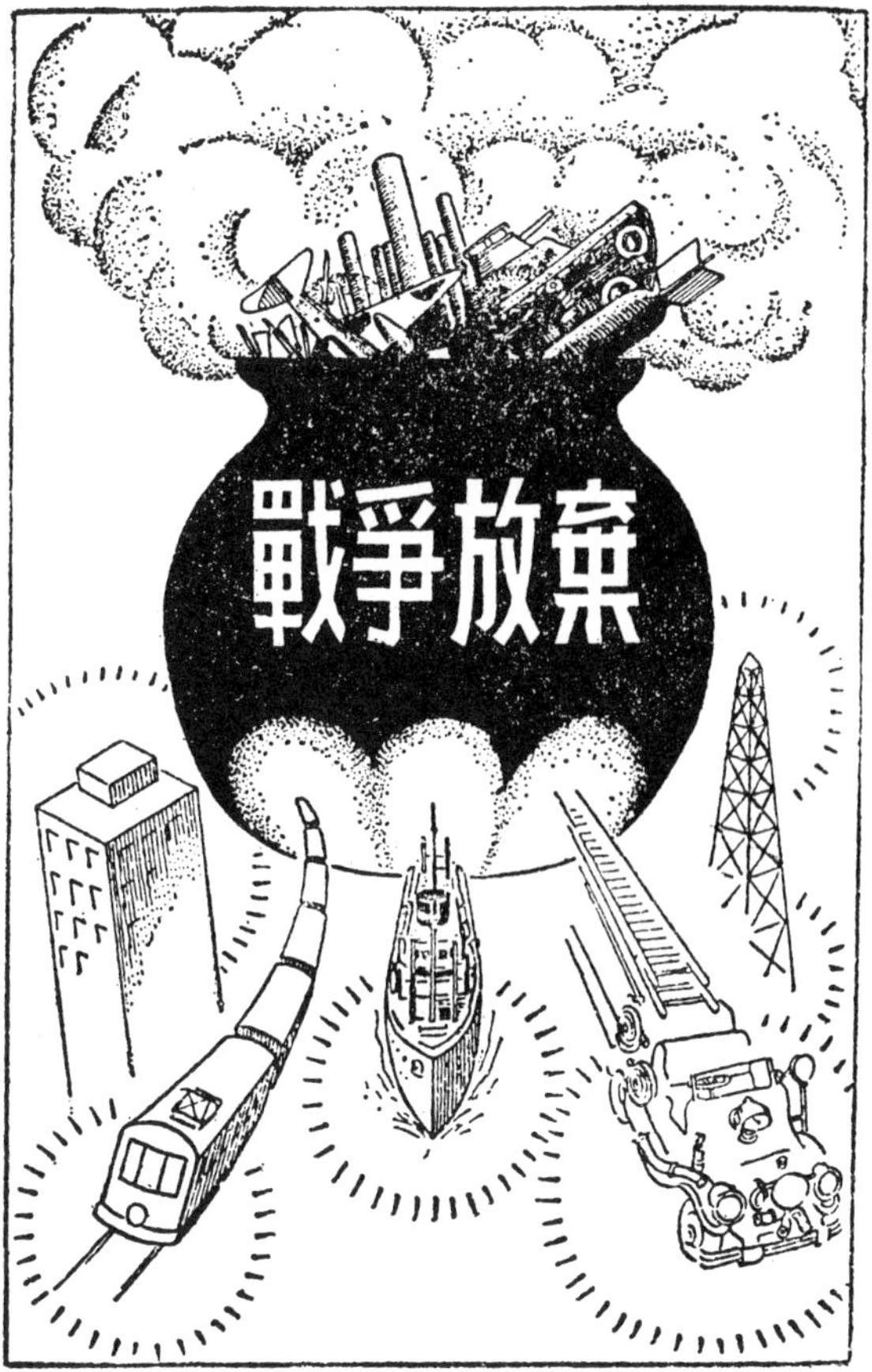
戰爭放棄

でしょう。いまやっと戦争はおわりました。二度とこんなおそろしい、かなしい思いをしたくないと思いませんか。こんな戦争をして、日本の国はどんな利益があったでしょうか。何もありません。ただ、おそろしい、かなしいことが、たくさんおこっただけではありませんか。戦争は人間をほろぼすことです。世の中のよいものをこわすことです。だから、こんどの戦争をしかけた国には、大きな責任があるといわなければなりません。このまえの世界戦争のあとでも、もう戦争は二度とやるまいと、多くの国々ではいろいろ考えましたが、またこんな大戦争をおこしてしまったのは、まことに残念なことではありませんか。

そこでこんどの憲法では、日本の国が、けっして二度と戦争をしないように、二つのことをきめました。その一つは、兵隊も軍艦も飛行機も、およそ戦争をするためのものは、いっさいもたないということです。これからさき日本には、陸軍も海軍も空軍もないのです。これを戦力の放棄といいます。「放棄」とは「すててしまう」ということです。しかしみなさんは、けっして心ぼそく思うことはありません。日本は正しいことを、ほかの国よりさきに行ったのです。世の中に、正しいことぐらい強いものはありません。

もう一つは、よその国と争いごとがおこったとき、けっして戦争によって、相手をまかして、じぶんのいいぶんをとおそうとしないということをきめたのです。おだやかにそうだんをして、きまりをつけようというのです。なぜならば、いくさをしかけることは、けっきょく、じぶんの国をほろぼすようなはめになるからです。また、戦争とまでゆかずとも、国の力で、相手をおどすようなことは、いっさいしないことにきめたのです。これを戦争の放棄というのです。そうしてよその国となかよくして、世界中の国が、よい友だちになってくれるようにすれば、日本の国は、さかえてゆけるのです。

みなさん、あのおそろしい戦争が、二度とおこらないように、また戦争を二度とおこさないようにいたしましょう。

七　基本的人権

くうしゅうでやけたところへ行ってごらんなさい。やけただれた土から、もう草が青々とはえています。みんな生き生きとしげっています。草でさえも、力強く生きてゆくのです。ましてやみなさんは人間です。生きてゆく力があるはずです。天からさずかったしぜんの力があるのです。この力によって、人間が世の中に生きてゆくことを、だれもさまたげてはなりません。しかし人間は、草木とちがって、ただ生きてゆくというだけではなく、人間らしい生活をしてゆかなければなりません。この人間らしい生活には、必要なものが二つあります。それは「自由」ということと、「平等」ということです。

人間がこの世に生きてゆくからには、じぶんのすきな所に住み、じぶんのすきな所に行き、じぶんの思うことをいい、じぶんのすきな教えにしたがってゆけることなどが必要です。これらのことが人間の自由であって、この自由は、けっして奪われてはなりません。また、国の力でこの自由を取りあげ、やたらに刑罰を加えたりしてはなりません。そこで憲法は、この自由は、けっして侵すことのできないものであることをきめているのです。

またわれわれは、人間である以上はみな同じです。人間の上に、もっとえらい人間があるはずはなく、人間の下に、もっといやしい人間があるわけはありません。男が女よりもすぐれ、女が男よりもおとっているということもありません。みな同じ人間

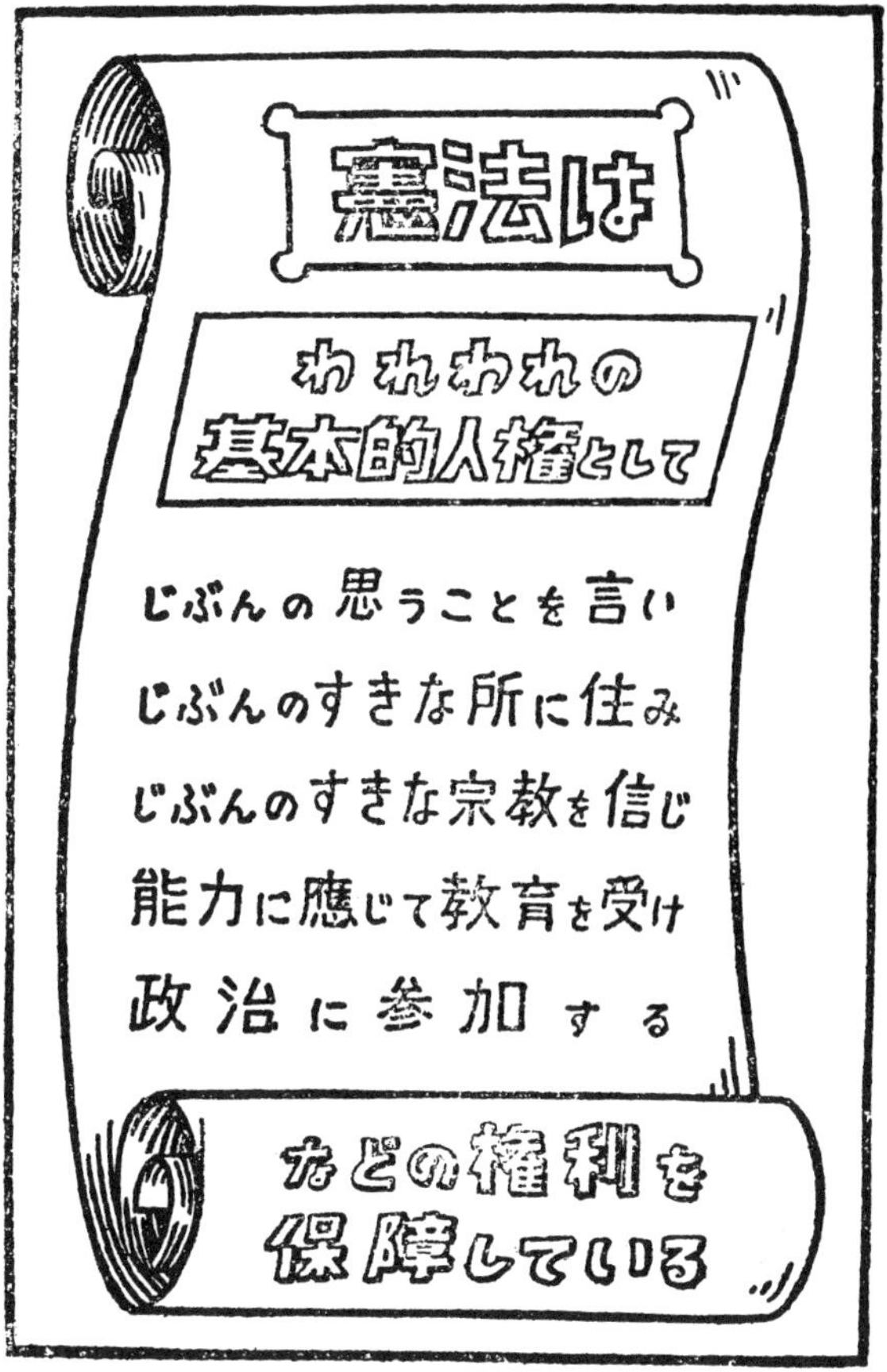
憲法は
われわれの
基本的人権として
じぶんの思うことを言い
じぶんのすきな所に住み
じぶんのすきな宗教を信じ
能力に應じて教育を受け
政治に参加する
などの権利を
保障している

であるならば、この世に生きてゆくのに、差別を受ける理由はないのです。差別のないことを「平等」といいます。そこで憲法は、自由といっしょに、この平等ということをきめているのです。

国の規則の上で、何かはっきりとできることがみとめられていることを、「権利」といいます。自由と平等とがはっきりみとめられ、これを侵されないとするならば、この自由と平等とは、みなさんの権利です。これを「自由権」というのです。しかもこれは人間のいちばん大事な権利です。このいちばん大事な人間の権利のことを「基本的人権」といいます。あたらしい憲法は、この基本的人権を、侵すことのできない永久に与えられた権利として記しているのです。これを基本的人権を「保障する」というのです。

しかし基本的人権は、ここにいった自由権だけではありません。まだほかに二つあります。自由権だけで、人間の国の中での生活がすむものではありません。たとえばみなさんは、勉強をしてよい国民にならなければなりません。国はみなさんに勉強をさせるようにしなければなりません。そこでみなさんは、教育を受ける権利を憲法で与えられているのです。この場合はみなさんのほうから、国にたいして、教育をしてもらうことを請求できるのです。これも大事な基本的人権ですが、これを「請求権」というのです。争いごとのおこったとき、国の裁判所で、公平にさばいてもらうのも、裁判を請求する権利といって、基本的人権ですが、これも請求権であります。

それからまた、国民が、国を治めることにいろいろ関係できるのも、大事な基本的人権ですが、これを「参政権」といいます。国会の議員や知事や市町村長などを選挙したり、じぶんがそういうものになったり、国や地方の大事なことについて投票したりすることは、みな参政権です。

みなさん、いままで申しました基本的人権は大事なことですから、もういちど復習いたしましょう。みなさんは、憲法で基本的人権というりっぱな強い権利を与えられました。この権利は、三つに分かれます。第一は自由権です。第二は請求権です。第三は参政権です。

こんなりっぱな権利を与えられましたからには、みなさんは、じぶんでしっかりとこれを守って、失わないようにしてゆかなければなりません。しかしまた、むやみにこれをふりまわして、ほかの人に迷惑をかけてはいけません。ほかの人も、みなさんと同じ権利をもっていることを、わすれてはなりません。国ぜんたいの幸福になるよう、この大事な基本的人権を守ってゆく責任があると、憲法に書いてあります。

八　国会

民主主義は、国民が、みんなでみんなのために国を治めてゆくことです。しかし、国民の数はたいへん多いのですから、だれかが、国民ぜんたいに代わって国の仕事をするよりほかはありません。この国民に代わるものが「国会」です。まえにも申しましたように、国民は国を治めてゆく力、すなわち主権をもっているのです。この主権をもっている国民に代わるものが国会ですから、国会は国でいちばん高い位にあるもので、これを「最高機関」といいます。「機関」というのは、ちょうど人間に手足があるように、国の仕事をいろいろ分けてする役目のあるものという意味です。国には、いろいろなはたらきをする機関があります。あとでのべる内閣も、裁判所も、みな国の機関です。しかし国会は、その中でいちばん高い位にあるのです。それは国民ぜんたいを代表しているからです。

国の仕事はたいへん多いのですが、これを分けてみると、だいたい三つに分かれるのです。その第一は、国のいろいろの規則をこしらえる仕事で、これを「立法」というのです。第二は、争いごとをさばいたり、罪があるかないかをきめる仕事で、これを「司法」というのです。ふつうに裁判といっているのはこれです。第三は、この「立法」と「司法」とをのぞいたいろいろの仕事で、これをひとまとめにして「行政」といいます。国会は、この三つのうち、どれをするかといえば、立法をうけもっている機関であります。司法は、裁判所がうけもっています。行政は、内閣と、その下にある、たくさんの役所がうけもっています。

国会は、立法という仕事をうけもっていますから、国の規則はみな国会がこしらえるのです。国会のこしらえる国の規則を「法律」といいます。みなさんは、法律ということばをよくきくことがあるでしょう。しかし、国会で法律をこしらえるのには、いろいろ手つづきがいりますから、あまりこまごました規則までこしらえることはできません。そこで憲法は、ある場合には、国会でないほかの機関、たとえば内閣が、国の規則をこしらえることをゆるしています。これを「命令」といいます。

しかし、国の規則は、なるべく国会でこしらえるのがよいのです。なぜならば、国会は、国民がえらんだ議員のあつまりで、国民の意見がいちばんよくわかっているからです。そこで、あたらしい憲法は、国の規則は、ただ国会だけがこしらえるということにしました。これを、国会は「唯一の立法機関である」というのです。「唯一」とは、ただ一つで、ほかにはないということです。立法機関とは、国の規則をこしらえる役目のある機関ということです。そうして、国会以外のほかの機関が、国の規則をこしらえてもよい場合は、憲法で、一つ一つきめているのです。また、国会のこしらえた国の規則、すなわち法律の中で、これこれのことは命令できめてもよろしいとゆるすこともあります。国民のえらんだ代表者が、国会で国民を治める規則をこしらえる、これが民主主義のたてまえであります。

しかし国会には、国の規則をこしらえることのほかに、もう一つ大事な役目があります。それは、内閣や、その下にある、国のいろいろな役所の仕事のやりかたを、監督することです。これらの役所の仕事は、まえに申しました「行政」というはたらきですから、国会は、行政を監督して、まちがいのないようにする役目をしているのです。これで、国民の代表者が国の仕事を見はっていることになるのです。これも民主主義の国の治めかたであります。

日本の国会は「衆議院」と「参議院」との二つからできています。その一つ一つを

「議院」といいます。このように、国会が二つの議院からできているものを「二院制度」というのです。国によっては、一つの議院しかないものもあり、これを「一院制度」というのです。しかし、多くの国の国会は、二つの議院からできています。国の仕事はこの二つの議院がいっしょにきめるのです。

なぜ二つの議院がいるのでしょう。みなさんは、野球や、そのほかのスポーツでいう「バック・アップ」ということをごぞんじですか。一人の選手が球を取りあつかっているとき、もう一人の選手が、うしろにまわって、まちがいのないように守ることを「バック・アップ」といいます。国会は、国の大事な仕事をするのですから、衆議院だけでは、まちがいが起るといけないから、参議院が「バック・アップ」するはたらきをするのです。ただし、スポーツのほうでは、選手がおたがいに「バック・アップ」しますけれども、国会では、おもなはたらきをするのは衆議院であって、参議院は、ただ衆議院を「バック・アップ」するだけのはたらきをするのです。したがって、衆議院のほうが、参議院よりも、強い力を与えられているのです。この強い力をもった衆議院を「第一院」といい、参議院を「第二院」といいます。なぜ衆議院のほうに強い力があるのでしょう。そのわけは次のとおりです。

衆議院の選挙は、四年ごとに行われます。衆議院の議員は、四年間つとめるわけです。しかし、衆議院の考えが国民の考えを正しくあらわしていないと内閣が考えたときなどには、内閣は、国民の意見を知るために、いつでも天皇陛下に申しあげて、衆議院の選挙のやりなおしをしていただくことができます。これを衆議院の「解散」というのです。そうして、この解散のあとの選挙で、国民がどういう人をじぶんの代表にえらぶかということによって、国民のあたらしい意見が、あたらしい衆議院にあらわれてくるのです。

参議院のほうは、議員が六年間つとめることになっており、三年ごとに半分ずつ選挙をして交代しますけれども、衆議院のように解散ということがありません。そうしてみると、衆議院のほうが、参議院よりも、その時、その時の国民の意見を、よくうつしているといわなければなりません。そこで衆議院のほうに、参議院よりも強い力が与えられているのです。どういうふうに衆議院の方が強い力をもっているかということは、憲法できめられていますが、ひと口でいうと、衆議院と参議院との意見がちがったときには、衆議院のほうの意見がとおるようになっているということです。

しかし衆議院も参議院も、ともに国民ぜんたいの代表者ですから、その議員は、み

投票する前には
賛成意見
反対意見
集会場
雑誌
雑誌
集会場
ラジオ
新聞
新聞
ラジオ
本
本
掲示板
掲示板
ビラ
を
ビラ
よく判断して
じぶんの考えをきめよう

な国民が国民の中からえらぶのです。衆議院のほうは、議員が四百六十六人、参議院のほうは二百五十人あります。この議員をえらぶために、国を「選挙区」というものに分けて、この選挙区に人口にしたがって議員の数をわりあてます。したがって選挙は、この選挙区ごとに、わりあてられた数だけの議員をえらんで出すことになります。

議員を選挙するには、選挙の日に投票所へ行き、投票用紙を受け取り、じぶんのよいと思う人の名前を書きます。それから、その紙を折り、かぎのかかった投票箱へ入れるのです。この投票は、ひじょうに大事な権利です。選挙する人は、みなじぶんの考えでだれに投票するかをきめなければなりません。けっして、品物や利益になる約束で説き伏せられてはなりません。この投票は、秘密投票といって、だれをえらんだかをいう義務もなく、ある人をえらんだ理由を問われても答える必要はありません。

さて日本国民は、二十歳以上の人は、だれでも国会議員や知事市長などを選挙することができます。これを「選挙権」というのです。わが国では、ながいあいだ、男だけがこの選挙権をもっていました。また、財産をもっていて税金をおさめる人だけが、選挙権をもっていたこともありました。いまは、民主主義のやりかたで国を治めてゆくのですから、二十歳以上の人は、男も女もみんな選挙権をもっています。このように、国民がみな選挙権をもつことを、「普通選挙」といいます。こんどの憲法は、この普通選挙を、国民の大事な基本的人権としてみとめているのです。しかし、いくら普通選挙といっても、こどもや気がくるった人まで選挙権をもつというわけではありませんが、とにかく男女人種の区別もなく、宗教や財産の上の区別もなく、みんながひとしく選挙権をもっているのです。

また日本国民は、だれでも国会の議員などになることができます。男も女もみな議員になれるのです。これを「被選挙権」といいます。しかし、年齢が、選挙権のときと少しちがいます。衆議院議員になるには、二十五歳以上、参議院議員になるには、三十歳以上でなければなりません。この被選挙権の場合も、選挙権と同じように、だれが考えてもいけないと思われる者には、被選挙権がありません。国会議員になろうとする人は、じぶんでとどけでて、「候補者」というものになるのです。また、じぶんがよいと思うほかの人を、「候補者」としてとどけでることもあります。これを候補者を「推薦する」といいます。

この候補者をとどけでるのは、選挙の日のまえにしめきってしまいます。投票をする人は、この候補者の中から、じぶんのよいと思う人をえらばなければなりません。

ほかの人の名前を書いてはいけません。そうして、投票の数の多い候補者から、議員になれるのです。それを「当選する」といいます。

みなさん、民主主義は、国民ぜんたいで国を治めてゆくことです。そうして国会は、国民ぜんたいの代表者です。それで、国会議員を選挙することは、国民の大事な権利で、また大事なつとめです。国民はぜひ選挙にでてゆかなければなりません。選挙にゆかないのは、この大事な権利をすててしまうことであり、また大事なつとめをおこたることです。選挙にゆかないことを、ふつう「棄権」といいます。これは、権利をすてるという意味です。国民は棄権してはなりません。みなさんも、いまにこの権利をもつことになりますから、選挙のことは、とくにくわしく書いておいたのです。

国会は、このようにして、国民がえらんだ議員があつまって、国のことをきめるところですが、ほかの役所とちがって、国会で、議員が、国の仕事をしているありさまを、国民が知ることができるのです。国民はいつでも、国会へ行って、これを見たりきいたりすることができるのです。また、新聞やラジオにも国会のことがでます。つまり、国会での仕事は、国民の目の前で行われるのです。憲法は、国会はいつでも、国民に知れるようにして、仕事をしなければならないときめているのです。これはたいへん大事なことです。もし、まれな場合ですが秘密に会議を開こうとするときは、むずかしい手つづきがいります。

これで、どういうふうに国が治められてゆくのか、どんなことが国でおこっているのか、国民のえらんだ議員が、どんな意見を国会でのべているかというようなことが、みんな国民にわかるのです。

国の仕事の正しい明かるいやりかたは、ここからうまれてくるのです。国会がなくなれば、国の中がくらくなるのです。民主主義は明かるいやりかたです。国会は、民主主義にはなくてはならないものです。

日本の国会は、年中開かれているものではありません。しかし、毎年一回はかならず開くことになっています。これを国会の「会期」といいます。常会は百五十日間ときまっています。これを「常会」といいます。このほかに、必要のあるときは、臨時に国会を開きます。これを「臨時会」といいます。また、衆議院が解散されたときは、解散の日から四十日以内に、選挙を行い、その選挙の日から三十日以内に、あたらしい国会が開かれます。これを「特別会」といいます。臨時会と特別会の会期は、国会がじぶんできめます。また国会の会期は、必要のあるときは、延ばすことができます。

それも国会がじぶんできめるのです。国会を開くには、国会議員をよび集めなければなりません。これを、国会を「召集する」といって、天皇陛下がなさるのです。召集された国会は、じぶんで開いて仕事をはじめ、会期がおわれば、じぶんで国会を閉じて、国会は一時休むことになります。

みなさん、国会の議事堂をごぞんじですか。あの白いうつくしい建物に、日の光りがさしているのをごらんなさい。あれは日本国民の力をあらわすところです。主権をもっている日本国民が国を治めてゆくところです。

九　政　党

「政党」というのは、国を治めてゆくことについて、同じ意見をもっている人があつまってこしらえた団体のことです。みなさんは、社会党、民主党、自由党、国民協同党、共産党などという名前を、きいているでしょう。これらはみな政党です。政党は、国会の議員だけでこしらえているものではありません。政党からでている議員は、政党をこしらえている人の一部だけです。ですから、一つの政党があるということは、国の中に、それと同じ意見をもった人が、そうとうおおぜいいるということになるのです。

政党には、国を治めてゆくについてのきまった意見があって、これを国民に知らせています。国民の意見は、人によってずいぶんちがいますが、大きく分けてみると、

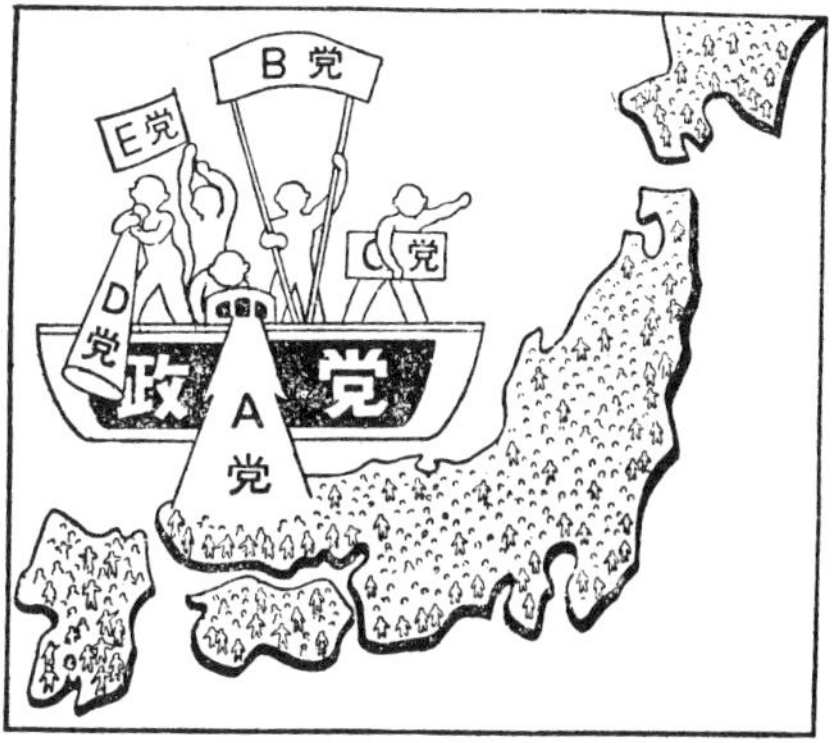

この政党の意見のどれかになるのです。つまり政党は、国民ぜんたいが、国を治めてゆくについてもっている意見を、大きく色分けにしたものといってもよいのです。民主主義で国を治めてゆくには、国民ぜんたいが、みんな意見をはなしあって、きめてゆかなければなりません。政党がおたがいに国のことを議論しあうのはこのためです。

日本には、この政党というものについて、まちがった考えがありました。それは、政党というものは、なんだか、国の中で、じぶんの意見

をいいはっているいけないものだというような見方です。これはたいへんなまちがいです。民主主義のやりかたは、国の仕事について、国民が、おおいに意見をはなしあってきめなければならないのですから、政党が争うのは、けっしてけんかではありません。民主主義でやれば、かならず政党というものができるのです。また、政党がいるのです。政党はいくつあってもよいのです。政党の数だけ、国民の意見が、大きく分かれていると思えばよいのです。ドイツやイタリアでは政党をむりに一つにまとめてしまい、また日本でも、政党をやめてしまったことがありました。その結果はどうなりましたか。国民の意見が自由にきかれなくなって、個人の権利がふみにじられ、とうとうおそろしい戦争をはじめるようになったではありませんか。

国会の選挙のあるごとに、政党は、じぶんの団体から議員の候補者を出し、またじぶんの意見を国民に知らせて、国会でなるべくたくさんの議員をえようとします。衆議院は、参議院よりも大きな力をもっていますから、衆議院でいちばん多く議員を、じぶんの政党から出すことが必要です。それで衆議院の選挙は、政党にとっていちばん大事なことです。国民は、この政党の意見をよくしらべて、じぶんのよいと思う政党の候補者に投票すれば、じぶんの意見が、政党をとおして国会にとどくことになります。

どの政党にもはいっていない人が、候補者になっていることもあります。国民は、このような候補者に投票することも、もちろん自由です。しかし政党には、きまった意見があり、それは国民に知らせてありますから、政党の候補者に投票をしておけば、その人が国会に出たときに、どういう意見をのべ、どういうふうにはたらくかということが、はっきりきまっています。もし政党の候補者でない人に投票したときは、その人が国会に出たとき、どういうようにはたらいてくれるかが、はっきりわからないふべんがあるのです。このようにして、選挙ごとに、衆議院に多くの議員をとった政党の意見で、国の仕事をやってゆくことになります。これは、いいかえれば、国民ぜんたいの中で、多いほうの意見で、国を治めてゆくことでもあります。

みなさん、国民は、政党のことをよく知らなければなりません。じぶんのすきな政党にはいり、またじぶんたちですきな政党をつくるのは、国民の自由で、憲法は、これを「基本的人権」としてみとめています。だれもこれをさまたげることはできません。

十　内閣

「内閣」は、国の行政をうけもっている機関であります。行政ということは、まえに申しましたように、「立法」すなわち国の規則をこしらえることと、「司法」すなわち裁判をすることとをのぞいたあとの、国の仕事をまとめていうのです。国会は、国民の代表になって、国を治めてゆく機関ですが、たくさんの議員でできているし、また一年中開いているわけにもゆきませんから、日常の仕事やこまごました仕事は、別に役所をこしらえて、ここでとりあつかってゆきます。その役所のいちばん上にあるのが内閣です。

内閣は、内閣総理大臣と国務大臣とからできています。「内閣総理大臣」は内閣の長で、内閣ぜんたいをまとめてゆく、大事な役目をするのです。それで、内閣総理大臣にだれがなるかということは、たいへん大事なことですが、こんどの憲法は、内閣総理大臣は、国会の議員の中から、国会がきめて、天皇陛下に申しあげ、天皇陛下がこれをお命じになることになっています。国会できめるとき、衆議院と参議院の意見

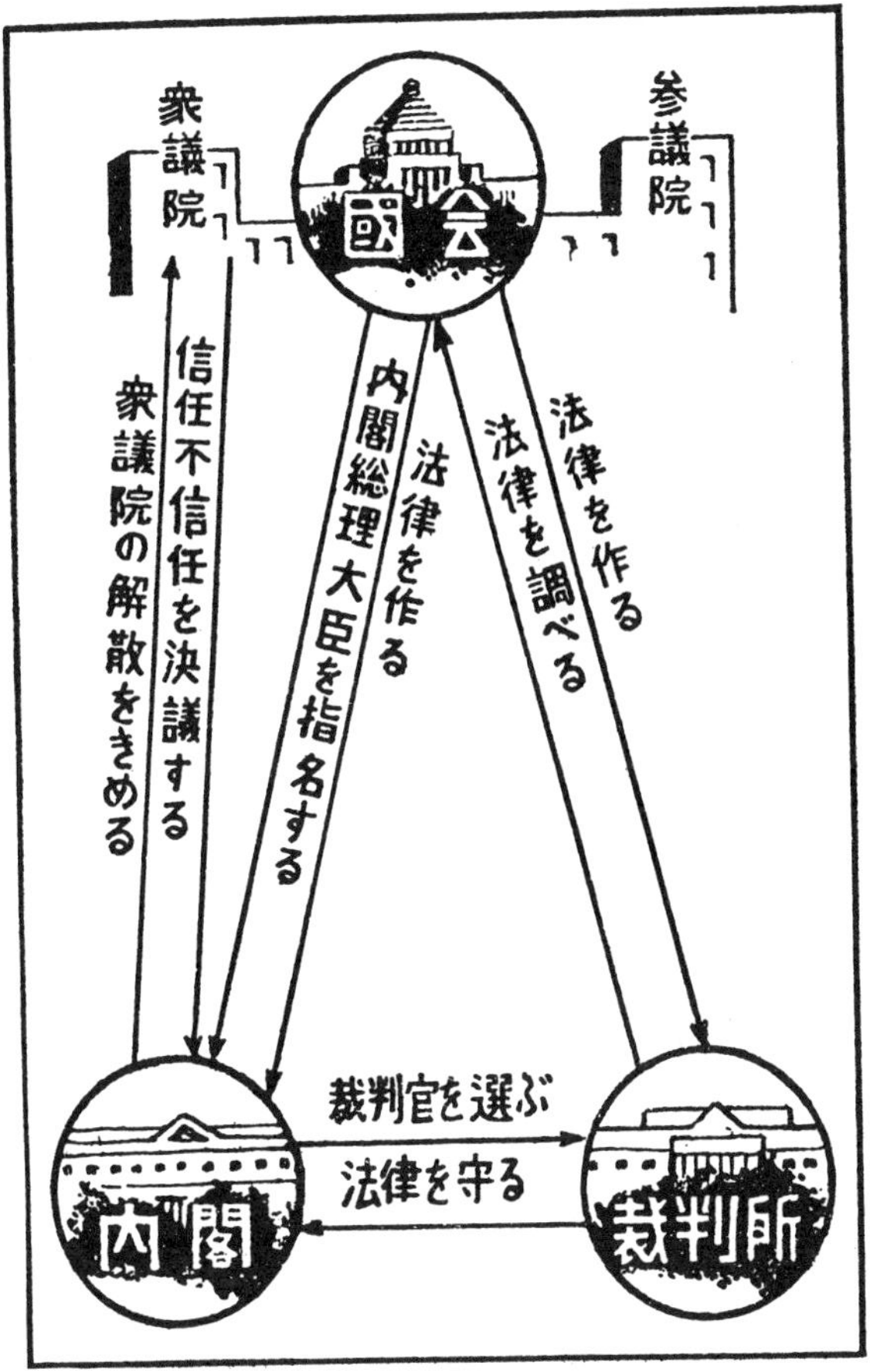
衆議院
國会
参議院
信任不信任を決議する
衆議院の解散をきめる
内閣総理大臣を指名する
法律を作る
法律を調べる
法律を作る
裁判官を選ぶ
法律を守る
内閣
裁判所

が分かれたときは、けっきょく衆議院の意見どおりにきめることになります。内閣総理大臣を国会できめるということは、衆議院でたくさんの議員をもっている政党の意見で、きまることになりますから、内閣総理大臣は、政党からでることになります。

また、ほかの国務大臣は、内閣総理大臣が、自分でえらんで国務大臣にします。しかし、国務大臣の数の半分以上は、国会の議員からえらばなければなりません。国務大臣は国の行政をうけもつ役目がありますが、この国務大臣の中から、大蔵省、文部省、厚生省、商工省などの国の役所の長になって、その役所の仕事を分けてうけもつ人がきまります。これを「各省大臣」といいます。つまり国務大臣の中には、この各省大臣になる人と、ただ国の仕事ぜんたいをみてゆく国務大臣とがあるわけです。内閣総理大臣が政党からでる以上、国務大臣もじぶんと同じ政党の人からとることが、国の仕事をやってゆく上にべんりでありますから、国務大臣の大部分が、同じ政党からでることになります。

また、一つの政党だけでは、国会に自分の意見をとおすことができないと思ったときは、意見のちがうほかの政党と組んで内閣をつくります。このときは、それらの政党から、みな国務大臣がでて、いっしょに、国の仕事をすることになります。また政党の人でなくとも、国の仕事に明かるい人を、国務大臣に入れることもあります。しかし、民主主義のやりかたでは、けっきょく政党が内閣をつくることになり、政党から内閣総理大臣と国務大臣のおおぜいがでることになるので、これを「政党内閣」というのです。

内閣は、国の行政をうけもち、また、天皇陛下が国の仕事をなさるときには、これに意見を申しあげ、また、御同意を申します。そうしてじぶんのやったことについて、国民を代表する国会にたいして、責任を負うのです。これは、内閣総理大臣も、ほかの国務大臣も、みないっしょになって、責任を負うのです。ひとりひとりべつべつに責任を負うのではありません。これを「連帯して責任を負う」といいます。

また国会のほうでも、内閣がわるいと思えば、いつでも「もう内閣を信用しない」ときめることができます。ただこれは、衆議院だけができることで、参議院はできません。なぜならば、国民のその時々の意見がうつっているのは、衆議院であり、また、選挙のやり直しをして、内閣が、国民に、どっちがよいかをきめてもらうことができるのは、衆議院だけだからです。衆議院が内閣にたいして、「もう内閣を信用しない」ときめることを、「不信任決議」といいます。この不信任決議がきまったときは、内閣は天皇陛下に申しあげ、十日以内に衆議院を解散していただき、選挙のやり直しをして、国民にうったえてきめてもらうか、または辞職するかどちらかになります。また「内閣を信用する」ということ(これを「信任決議」といいます)が、衆議院で反対されて、だめになったときも同じことです。

このようにこんどの憲法では、内閣は国会とむすびついて、国会の直接の力で動かされることになっており、国会の政党の勢力の変化で、かわってゆくのです。つまり内閣は、国会の支配の下にあることになりますから、これを「議院内閣制度」とよんでいます。民主主義と、政党内閣と、議院内閣とは、ふかい関係があるのです。

十一　司　法

「司法」とは、争いごとをさばいたり、罪があるかないかをきめることです。「裁判」というのも同じはたらきをさすのです。だれでも、じぶんの生命、自由、財産などを守るために、公平な裁判をしてもらうことができます。この司法という国の仕事は、国民にとってはたいへん大事なことで、何よりもまず、公平にさばいたり、きめたりすることがたいせつであります。そこで国には、「裁判所」というものがあって、この司法という仕事をうけもっているのです。

裁判所は、その仕事をやってゆくについて、ただ憲法と国会のつくった法律とにしたがって、公平に裁判をしてゆくものであることを、憲法できめております。ほかからは、いっさい口出しをすることはできないのです。また、裁判をする役目をもっている人、すなわち「裁判官」は、みだりに役目を取りあげられないことになっているのです。これを「司法権の独立」といいます。また、裁判を公平にさせるために、裁判は、だれでも見たりきいたりすることができるのです。これは、国会と同じように、裁判所の仕事が国民の目の前で行われるということです。これも憲法ではっきりときめてあります。

こんどの憲法で、ひじょうにかわったことを、一つ申しておきます。それは、裁判所は、国会でつくった法律が、憲法に合っているかどうかをしらべることができるようになったことです。もし法律が、憲法にきめてあることにちがっていると考えたときは、その法律にしたがわないことができるのです。だから裁判所は、たいへんおもい役目をすることになりました。

みなさん、私たち国民は、国会を、じぶんの代わりをするものと思って、しんらいするとともに、裁判所を、じぶんたちの権利や自由を守ってくれるみかたと思って、そんけいしなければなりません。

十二　財政

みなさんの家に、それぞれくらしの立てかたがあるように、国にもくらしの立てかたがあります。これが国の「財政」です。国を治めてゆくのに、どれほど費用がかかるか、その費用をどうしてととのえるか、ととのえた費用をどういうふうにつかってゆくかというようなことは、みな国の財政です。国の費用は、国民が出さなければなりませんし、また、国の財政がうまくゆくかゆかないかは、たいへん大事なことですから、国民は、はっきりこれを知り、またよく監督してゆかなければなりません。

そこで憲法では、国会が、国民に代わって、この監督の役目をすることにしています。この監督の方法はいろいろありますが、そのおもなものをいいますと、内閣は、毎年いくらお金がはいって、それをどういうふうにつかうかという見つもりを、国会に出して、きめてもらわなければなりません。それを「予算」といいます。また、つかった費用は、あとで計算して、また国会に出して、しらべてもらわなければなりません。これを「決算」といいます。国民から税金をとるには、国会に出して、きめてもらわなければなりません。内閣は、国会と国民にたいして、少なくとも毎年一回、国の財政が、どうなっているかを、知らさなければなりません。このような方法で、国の財政が、国民と国会とで監督されてゆくのです。

また「会計検査院」という役所があって、国の決算を検査していいます。

十三　地方自治

戦争中は、なんでも「国のため」といって、国民のひとりひとりのことが、かるく考えられていました。しかし、国は国民のあつまりで、国民のひとりひとりがよくならなければ、国はよくなりません。それと同じように、日本の国は、たくさんの地方に分かれていますが、その地方が、それぞれさかえてゆかなければ、国はさかえてゆきません。そのためには、地方が、それぞれじぶんでじぶんのことを治めてゆくのが、

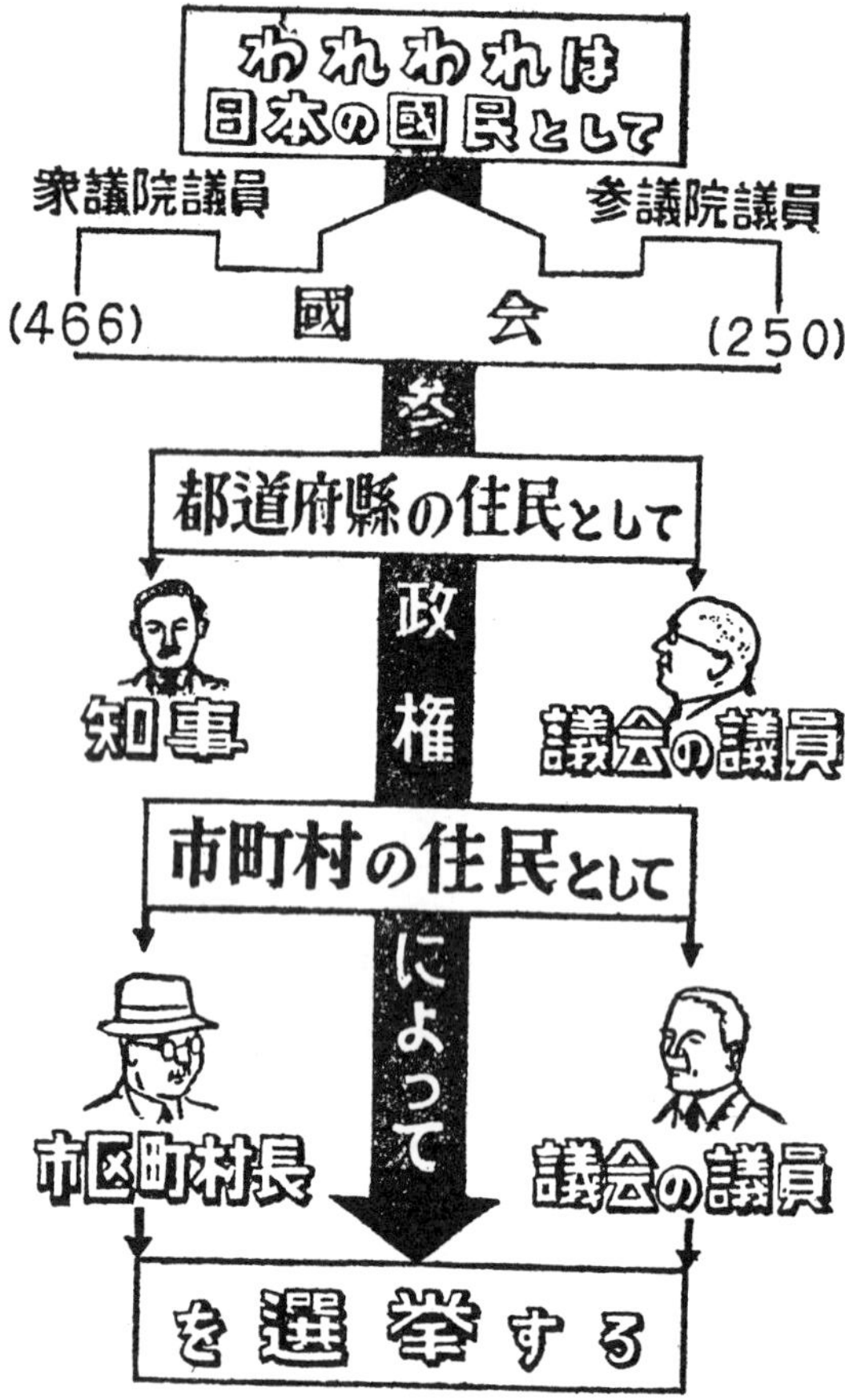
われわれは
日本の國民として
家議院議員
参議院議員
(466)
國会
(250)
参政権によって
都道府縣の住民として
知事
議会の議員
市町村の住民として
市区町村長
議会の議員
を選挙する

いちばんよいのです。なぜならば、地方には、その地方のいろいろな事情があり、その地方に住んでいる人が、いちばんよくこれを知っているからです。じぶんでじぶんのことを自由にやってゆくことを「自治」といいます。それで国の地方ごとに、自治でやらせてゆくことを、「地方自治」というのです。

こんどの憲法では、この地方自治ということをおもくみて、これをはっきりきめています。地方ごとに一つの団体になって、じぶんでじぶんの仕事をやってゆくのです。東京都、北海道、府県、市町村など、みなこの団体です。これを「地方公共団体」といいます。

もし国の仕事のやりかたが、民主主義なら、地方公共団体の仕事のやりかたも、民主主義でなければなりません。地方公共団体は、国のひながたといってもよいでしょう。国に国会があるように、地方公共団体にも、その地方に住む人を代表する「議会」がなければなりません。また、地方公共団体の仕事をする知事や、その他のおもな役目の人も、地方公共団体の議会の議員も、みなその地方に住む人が、じぶんで選挙することになりました。

このように地方自治が、はっきり憲法でみとめられましたので、ある一つの地方公

共団体だけのことをきめた法律を、国の国会でつくるには、その地方に住む人の意見をきくために、投票をして、その投票の半分以上の賛成がなければできないことになりました。

みなさん、国を愛し国につくすように、じぶんの住んでいる地方を愛し、じぶんの地方のためにつくしましょう。地方のさかえは、国のさかえと思ってください。

十四　改　正

「改正」とは、憲法をかえることです。憲法は、まえにも申しましたように、国の規則の中でいちばん大事なものですから、これをかえる手つづきは、げんじゅうにしておかなければなりません。

そこでこんどの憲法では、憲法を改正するときは、国会だけできめずに、国民が、賛成か反対かを投票してきめることにしました。

まず、国会の二つの議院で、ぜんたいの議員の三分の二以上の賛成で、憲法をかえることにきめます。これを、憲法改正の「発議」というのです。それからこれを国民に示して、賛成か反対かを投票してもらいます。そうしてぜんぶの投票の半分以上が賛成したとき、はじめて憲法の改正を、国民が承知したことになります。これを国民の「承認」といいます。国民の承認した改正は、天皇陛下が国民の名で、これを国〔民〕に発表されます。これを改正の「公布」といいます。あたらしい憲法は、国民がつくったもので、国民のものですから、これをかえたときも、国民の名義で発表するのです。

十五　最高法規

このおはなしのいちばんはじめに申しましたように、「最高法規」とは、国でいちばん高い位にある規則で、つまり憲法のことです。この最高法規としての憲法には、国の仕事のやりかたをきめた規則と、国民の基本的人権をきめた規則と、二つあることもおはなししました。この中で、国民の基本的人権は、これまでかるく考えられていましたので、憲法第九十七条は、おごそかなことばで、この基本的人権は、人間がながいあいだ力をつくしてえたものであり、これまでいろいろのことにであってきたえあげられたものであるから、これからもけっして侵すことのできない永久の権利であると記しております。

憲法は、国の最高法規ですから、この憲法できめられてあることにあわないものは、法律でも、命令でも、なんでも、いっさい規則としての力がありません。これも憲法がはっきりきめています。

このように大事な憲法は、天皇陛下もこれをお守りになりますし、国務大臣も、国会の議員も、裁判官も、みなこれを守ってゆく義務があるのです。また、日本の国がほかの国ととりきめた約束(これを「条約」といいます)も、国と国とが交際してゆくについてできた規則(これを「国際法規」といいます)も、日本の国は、まごころから守ってゆくということを、憲法できめました。

みなさん、あたらしい憲法は、日本国民がつくった、日本国民の憲法です。これから さき、この憲法を守って、日本の国がさかえるようにしてゆこうではありませんか。

おわり

新憲法の解説

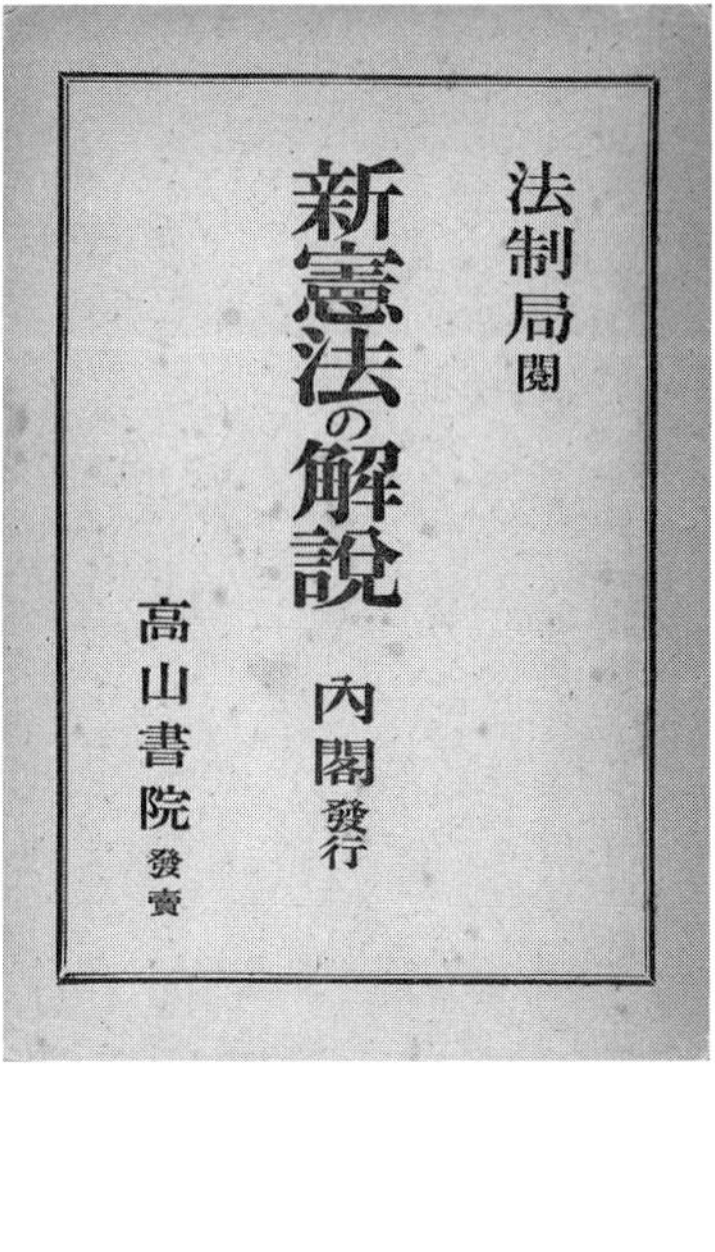

一九四六年一一月三日発行。本冊子の表紙は「法制局閲　新憲法の解説　内閣発行高山書院発売」とあり、そこには著者名が記されていない。通常、表紙には著者名が記載されている。本冊子を収蔵した図書館は、書誌の作成にあたって戸惑ったようだ。「序」や「奥付」の記述から、著者は山浦貫一または林譲治とされる。これは、内閣が本冊子を自らの著作として明示したくなかったことによるものと思う。それなら出版しなければよいということになるが、そうも行かない事情があったようである。その事情とは、おそらく、政府の肝いりで憲法普及会を立ち上げさせた手前、その活動に要する簡便な憲法解説書を早急に整えておく必要があったからであろう。瓢箪から駒である。私たちは、本冊子を通じて、新憲法に関する内閣の初めての所見に接することができるのである。政府与党が憲法改正を進めようとしているいま、六七年前、内閣が国民に提示した憲法見解とは一体どのようなものであったかを確認してみてはどうか。

序

新日本建設の基礎となる新憲法は、国民の真摯なる熱意と自由なる意思により、第九十議会を通じて成立した。

新日本の世界に於ける平和的使命と文化国家としての出発は茲に始まり、全世界は大なる関心を以て之を見守るであろう。之がためにはまず国民大衆のすべての人が、この新憲法を読むことである。理解することである。国民的教典として親しむことである。

今回たまたま新聞人山浦貫一君の筆を通じて新憲法解説の書が作成上梓されることになった。その内容と形体においてわれわれの要請を充分に満たしてくれるものと信ずる。

民主主義憲法は国民の総意によって作られたと同時に国民の総意によって解釈せらるべきであることは言うを俟たない。この書の出版がこの国民的期待の方向をめざしてまず力強き第一歩を踏み出す意味において喜びと期待とを新にする次第である。

昭和二十一年十一月

内閣総理大臣　吉　田　茂

序

私は世にも珍らしい幸運者であった。今回の改正憲法の議会審議に当り、百余日に亘って、両院の有力なる議員諸君と共に、論議を交換し、或る時は氷よりも冷かなる態度を以て法理の徹底を計り、或る時は熔鉄よりも熱き心意気に乗って運営の将来を痛論した。

斯くして日々の検討に依り改正案の有する各面を内外表裏より事細かに考えた。そしてこれこそは日本国が遅かれ早かれ踏み行かねばならぬ大道を端的に明示するものであり、これに依って進むことのみが日本国民に負わされた必然の運命であるとの確信を、いやが上に深めた。此の様な立場に置かれた一身を顧みるとき、此の憲法改正に関連して前述の如く多数の識者に依り斯くも広く斯くも強く心を開発せられたことは、世にも稀な幸運に恵まれた者と言うの外に何の言葉があろうぞ。以上は現下の私の心境であるが、これにつけても、国民諸君が速に此の憲法の本体に親しみ、之と融合し、言わば之と一体と為り、歴史の導く新なる段階に、全身を歓喜に震わせて、突入せられんことを希望して止まない。

所で私が思うのは、此の改正憲法に親しむには如何にしたらばよいかの点である。一見すれば憲法は文字を以て書き現わされているが、本質は国民の結晶した精神の表現である。従って国民が清醇化された精神を以て之に対面するとき、卒読卒解であるべき筈である。

私は斯く考える。勿論個々の法律的解釈は、其の様にはゆきかねるが、基本原理に付ては上述の如くであるべきこと疑ない。唯之が為には若干の精神的な準備を要する。それは僅でよい。それさえあれば各人の清純な常識が万事を解決する。

斯くて民主的精神に基く憲法は民主的解釈に徹底するを得て、其の帰趨を誤ること無い筈である。換言すれば改正憲法は何一つむずかしい原理を有しているものではない。人間を尊重し、平和と正義を正視し得る者にとっては、其の人の直感が恐らく憲法に合〔致〕する。技術的な規定に目をくらまされて憲法を親しみ易からぬものと考えるのは大きな錯覚である。但し斯くは言うものの憲法全体を学理的に究明し又其の技術的規定を明確にすることは専門家にとっても蓋し容易ではない。一般人が軽々しくこれを自負するとすれば弱体を露呈するの虞なしとせぬ。

今回山浦貫一君の筆を通じて作成せられた新憲法の解説は、前述の難解な学徒的研究を平易明朗な文章の中に織り入れて、憲法の原理と応用とを一般国民に容易に呑み込み得る様にしたものである。内容が完備しているか、解釈が正しいか等は主たる問題ではない。憲法普及の現下の要請に照して妥当なる書物である。

ミケランヂェロの彫刻は「語言わぬ」事のみが欠点とせられた。此の憲法に在っては、国民の熱情と努力とに依る所期の運営が残された課題である。而して此の書は実に其の運営を円滑ならしむるに付ての有力なる潤滑剤であろう。

昭和二十一年十一月

国務大臣　金森徳次郎

序

第九十議会で、再建日本の在り方を規律する憲法の改正が行われ、ここに民主的、平和的、文化的日本建設への指標が示されたのである。然し乍ら、単に憲法が改正せられ施行せられただけでその目的は達せられないのであって、まず、その趣旨が正当に理解せられ浸透せられることが必要である。この為には、能う限り平易且簡明な、読み易い解説書が必要である。この考え方から資料等については、法制局の渡邊佳英、佐藤功の諸君の助力をも煩わして新聞人山浦貫一君に依頼し、この解説を得た。

幸にして前記諸君の非常なる御努力に依り短期間に稿を脱して公刊し得たことは、邦家の為真に感謝に堪えぬ所である。

昭和二十一年十一月

内閣書記官長　林　譲　治

総説

鎌倉幕府樹立以来七百年にわたる封建国家、明治新政府発足以来八十年に及ぶ軍国主義国家としての日本は、あけやすい夏の夜の夢と消え、ここに新しく、平和主義に徹した文化国家として起き上るべき時が来たのである。

日本が、再び名誉ある地位を国際社会の中に占めるためには、内には民主主義を徹底し外に対してはポツダム宣言の忠実なる実行によって、新らしい角度から世界の文化的進運に参加貢献する態勢を整えることが、何より根本的な解決策である。すなわち、焦土の裡から美しき国家を再建すべき民族の理想をかかげ、この理想実現のために具体的な方途を講じたものが、第九十議会で可決された改正憲法、すなわち新憲法である。

旧憲法はいわゆる明治憲法であり、改正された新憲法は昭和憲法というべく、以下順を追って新憲法の解明を試みようと思う。

一

まず、憲法改正の動機は何であったか。二つの要因をあげることができる。

第一は国内的要因である。すなわち終戦以来、わが国民の中には祖国日本を不幸のどん底に陥れた原因は何処に在るか、という反省が深められた。国民の総意を無視してこれを衆愚となし、群羊を逐う如く、戦争にかり立てたところの、所謂軍国主義勢力をして、再び国政を専断せしめる余地なからしめることが先決問題である。そのためには一切の封建的武力尊重の考え方を拭い去らねばならぬ。こういう意識がたかまってきた。

この要因をみたすためには、まずわが国政治の根本法たる憲法に根本的な改正を加えることが、目前の急務とされたのである。

二

また、他の一つは、日本が敗退したことに基因する国際的な要因である。

日本は敗れた。その結果、連合国から要求された降伏条件としてポツダム宣言を受諾した。これを忠実に実行することが与えられた義務であり、この義務を完全に履行することによって、初めて再起の途がひらかれるのである。そのポツダム宣言、及びこれに関連し連合国から発せられた文書に「日本国民の間における民主主義的傾向の復活強化に対する一切の障碍を除去し、言論、宗教、及び思想の自由、並びに基本的人権の尊重を確立すべきこと」及び、「日本国の政治の最終の形態は日本国民の自由に表明する意思により決定さるべきこと」の条項がある。

これは、まさに平和新日本の向うべき大道を示したものであり、これを完全に実現するためには、国内的要因の場合と同じく、国家の基本法たる憲法に大改正を加えることがその要諦である。

以上述べた通り、平和主義、民主主義に徹し、明るく正しい新日本を建設しようとする国民の熱情と、ポツダム宣言履行という国際的要請とが一つに結ばれて新憲法制定の原動力となったわけである。

こういう内外の情勢にかえりみて、終戦直後、昭和二十年十月から政府は憲法改正の準備調査に着手し、昭和二十一年三月六日、憲法改正草案要綱を発表し、四月十七日には、全文口語体平仮名という、従来の法文の体裁を打ち破って、正に「新しき革袋に新らしき酒を盛る」画期的な憲法改正草案を発表したのである。

そして、この草案は六月下旬、勅命を以って第九十議会の議に付せられ、貴衆両院の熱心な審議により、若干の修正を加えて、可決確定されたのである。かくして十一月三日にこの歴史的な新憲法は公布され、六ヶ月の猶予期間を置いていよいよ施行されることになったのである。

三

新憲法は前文のほか、十一章百三ヶ条に上る大法典であって、その基調とするところは左の三点に在る。

第一に徹底した民主主義の原理によって、国会、内閣、裁判所等の国家機構を定め、第二には、フランス革命の最中に制定されたラファエットの人権宣言や、アメリカの独立宣言に謳われている、彼の基本的人権擁護の原則、たとえば言論の自由、思想の自由、信教の自由、勤労の権利等、さらに、男女両性の本質的平等にまで及んで、民主主義政治の確立を期すると共に、第三には、竿頭一歩を進め、全世界に率先して戦争放棄の大原則を明文化し、自由と平和を求める世界人類の理想を、声高らかに謳っているのである。この三つの基調は改正された新憲法の各条項に詳しく表現されている。

四

基本的人権の擁護については、世界の歴史的変動期にあった十八世紀のフランス革命とアメリカの独立をかえりみる必要がある。

フランスが、ルソーの天賦人権論に刺激されて革命を起したのが一七八九年であり、ジョージ・ワシントンが、独立したアメリカの初代大統領に就任したのが、やはりこの同じ年である。而して、フランスは、ラファエットが、革命軍たる国民軍を指揮し、国民議会の名によって発布したのが有名な人権宣言であり、その目的は封建貴族の打倒であった。ラファエットは、アメリカの独立運動を援助した人である。

一七七六年、本国であるイギリス政府の圧迫をしりぞけ、米大陸独自の権利を主張するために、独立宣言は発せられた。その中に、

「われわれは自明の真理として、すべての人々が平等に造られていること、各々創造主により、譲渡すべからざる権利を賦与せられ、これらの権利の中には、生命、自

由、及び幸福の追求があることを主張する。いずれの政府もこれらの目的を破壊するに至れば、これを更改または廃止して、新政府を組織し、平等の安全及び幸福に最も適すると思われる原則を基礎とし、そのように新政府を構成するのが、人民の権利なることを主張する」と宣言している。過去の日本は、公卿時代、封建時代から、軍閥官僚の時代を通じて国民大衆は余りにも人権を忘れさせられてきた。人権は、決して外国の特産ではないのである。

前　文

新憲法の前文は、憲法が何故改正されたか、そしてその内容はどんなものかをかいつまんで述べており、日本国の新らしい進路を大づかみに現わして、その決意と心構えとを世界に向って宣言し、宣誓したものである。

その冒頭に「日本国民は、正当に選挙された国会における代表者を通じて行動し、われらとわれらの子孫のために、諸国民との協和による成果と、わが国全土にわたつて自由のもたらす恵沢を確保し、政府の行為によつて再び戦争の惨禍が起ることのないやうにすることを決意し、ここに主権が国民に存することを宣言し、この憲法を確定する。」、と述べている。

ここに、主権とは国家意思の実質的源泉、換言すれば、国家の行動の原動力ともなるべき意志の、現実の源を指したものと解すべきであり、従って「主権が国民に存する」というのは、日本国の国家意思の源泉が日本国民の全体に存することを宣言したものである。而して国民とは、国家の構成員という意味であり、決して君主と対立する人民というような意味ではないから、天皇も個人たる資格においては、この国民の中に含まれていることは当然である。

次に、前文は曰く「そもそも国政は、国民の厳粛な信託によるものであつて、その権威は国民に由来し、その権力は国民の代表者がこれを行使し、その福利は国民がこれを享受する。」と、人類普遍の原理である民主主義の精神によって、国民の地位がいかに尊く重いものであるかを示している。民主主義を説いたアブラハム・リンカーンの有名な言葉「人民のための、人民による、人民の政治」という考え方がはっきり盛られているし、またルソーの天賦人権論の精神もとりいれられている。この人類普遍の原理である民主主義の精神は、憲法もふくめてすべての制定法の上に、また前にあるものであり、これに反する制定法は、憲法、法令、詔勅を問わず、すべて排除せられるのである。

次にこの前文は続ける「日本国民は、恒久の平和を念願し、人間相互の関係を支配する崇高な理想を深く自覚するのであつて、平和を愛する諸国民の公正と信義に信頼して、われらの安全と生存を保持しようと決意した。われらは、平和を維持し、専制と隷従、圧迫と偏狭を地上から永遠に除去しようと努めてゐる国際社会において、名誉ある地位を占めたいと思ふ。われらは、全世界の国民が、ひとしく恐怖と欠乏から免かれ、平和のうちに生存する権利を有することを確認する。」と。

世界にさきがけて戦争放棄を規定した日本は平和愛好国である。そして、平和主義の日本を、武力の脅威から守ることは、平和愛好国民の信義に委せる。信を人の腹中に置くという立派な態度を示し、決意を宣言しているのである。かくして、同時に、この地上に醜悪と惨忍の種子をまき、人類平等の理想に反するところの専制とか、奴隷のように、使い使われるとかいう、非民主的な現象を排斥し、強い者が弱い者を圧迫することや、独善的で排他的な偏狭というような、不道徳を永久に除去しようと努力している国際社会の一員として、名誉ある地位を占める日の早からんことを願っているのである。

このことこそ、世界恒久平和実現への、日本国民の真面目な、積極的な熱情を表明したものであって、この平和愛好の精神こそは、第二章の戦争放棄の規定と表裏一体をなして、新憲法の最も大きい特色をなしているのである。次に、前文はなお続ける。

「われらは、いづれの国家も、自国のことのみに専念して他国を無視してはならないのであつて、政治道徳の法則は、普遍的なものであり、この法則に従ふことは、自国の主権を維持し、他国と対等関係に立たうとする各国の責務であると信ずる。」

平和主義のすべての国民が、平和のうちに生存する権利をもっていることを確認するためには、国境を越えた政治道徳の普遍性に従うことが、各国の責務である、という信念を強調して、やがて国際社会の一員たる名誉ある地位を占めた場合の、覚悟と決意とを明らかにしているのであって、まことに調子の高い、平和愛好の歌ともいうべきである。

前文は、その最後に、堂々たる誓いの言葉で結んでいる。

「日本国民は、国家の名誉にかけ、全力をあげてこの崇高な理想と目的を達成することを誓ふ。」

これで前文は終っているが、この中に盛られた新生日本国民の新らしい哲学、人生観と世界観とが、十一章百三ヶ条の規定となって具体的に表現されているのである。

第一章　天　皇

新憲法の最も重要な点は、天皇制を如何に規定するか、国体は変革されたかされないか、という、日本国存立上の根本的な問題である。

新憲法は「天皇は、日本国の象徴であり日本国民統合の象徴であつて、この地位は、主権の存する日本国民の総意に基く。」（第一条）と冒頭している。そしてこれが天皇の基本的地位を示しているのである。

まず言葉の解釈をつけなければならない。象徴とはもと〔もと〕英語のシンボルに相当する言葉である。一九三一年のウエストミンスター議定書の中に、イギリス国王を以て英帝国諸領結合の象徴としている用例がある。ペンは文の象徴であり、剣は武の象徴である、という如く、抽象的な精神を具体的な形に現わす場合に使われる。天皇は日本という国柄の具体的な形であらせられ、国民の統合された形であるといってもよく、すなわち、天皇の御姿を仰ぐことによって、そこに日本国の厳然たる姿を見、そこに国民が統合され統一された渾然たる姿を見ることができる、という意味である。

明治憲法では、天皇は統治権の総攬者であらせられたが、新憲法では、天皇は、かかる地位を有せられないことになったのである。そして「正当に選挙された国民の代表」すなわち国会が国家の最高機関となるわけである。

すなわち、新憲法は、「天皇は、この憲法の定める国事に関する行為のみを行ひ、国政に関する権能を有しない。」(第四条)と規定し、たとえば、国会の指名に基いて内閣総理大臣を任命せられること、内閣の指名に基いて最高裁判所の長たる裁判官を命ぜらるること、その他、憲法改正、法律、政令及び条約の公布等、天皇の行わせらるべき一定の事項を明文に列挙しているが、これらは何れも政治の実質を決定するものではなく、しかも、これらのことを行わせられる場合には、すべて内閣の助言と承認とを必要とし、その責任はすべて、政治の局に当る内閣が負うことになっている。

認証という言葉が、第七条の第五・六・八項に出てくる。平たくいえば、認める、ということであるが、これを「裁可」と改めては如何という論が議会の質疑に出て来た。「裁可」は天皇の行為の方向を実質的に決する意味をもつが、「認証」はある行為の存在を確認する行為であって、新憲法における天皇の「象徴」たる御地位と照し合せれば、適当な表現というべきであろう。

また、天皇の地位は、日本国民の総意に基くものであることが規定されている。これによって皇位、すなわち天皇の御地位は、もはや神話や伝説に見受けられる如き架空なものではなく、現実的、合理的な基礎の上にあることが明確に示されたことになる。

なお、新憲法では、皇位の世襲制はこれを認めるけれども、その継承については皇室典範で定めることにしている。皇室典範は、従来は皇室自律主義により議会の議決の外におかれていたが、これを法律の一つとして、国会の議決を要することに改められた。また皇室財産は国家に移管され、皇室の費用は国会が議決してさし上げることに規定されている等、なかなかに重大な変更である。

このような変更によって皇室の御地位は、合理的基礎の上に置かれることとなり、いわゆる天皇制の下に、天皇の御名にかくれて、或る一部の者が民意を歪曲して国政を専断し、無謀な政策を施行し、戦争をまき起して国家を危局に陥れ、災いを全国民に及ぼすような危険は取り除かれるわけであるから、いわゆる、雨降って地固まるものというべきであろう。

さて、天皇の地位が、このように変化していることについて、議会その他においては、新憲法によってわが国体が変革されたのではないか、という議論が活発であった。国体の問題は成文憲法の基礎に横たわる問題であって、憲法の条項に直接関係のある事柄ではなく、各人の判断、各個の学説に委されて然るべきものであるが、ここでは政府の説明の趣旨を紹介して、各人の自由な批判に委せようとするのである。

国体という言葉は、幾通りもの意味にとれるが、その正しい意味としては、国の基本的特色と解釈することが妥当である。そう解した場合に国体とは、国家存立の基底であり、国家と運命を共にするものであって、もしこの国体が変革を蒙るか、あるいは失われた場合は、直ちにその国家は存立を失う。かりに、そこに新しい国家が成立したとしても、この新旧の両国の間にはもはや同一性が存しない、と見なければならない。国体をこう考えて、わが国につきこれを観れば、それは即ち、日本国民がその心の奥深く根を張っている天皇とのつながりを基礎とし、天皇を、いわばあこがれの中心として仰ぎ、それによって全国民が統合され、日本国存立の基礎をなしているという、揺ぎなき厳粛な事実であるということができる。

これに反して従来、公法理論で多くの学者が、万世一系の天皇が統治権の総攬者にましますという事実を以て、わが国の国体であると断じ、明治憲法第一条乃至第四条の規定を以て、いわゆる国体規定であると称して来たのは、今日冷静に考えると、明治以降の、その時々の制度上の特色に囚われたきらいを免れないのであって、これ等は正しくは、国体というよりもむしろ政体に属する事項であると解すべきである。従ってこの意味での国体すなわちわが国の政体が今回の改正によって大幅に変更したことは勿論である。

今回の憲法改正が、明治憲法第七十三条の規定によって行われたということも、国体の不変、従って、国家の同一性、さらにひいては、憲法の継続性を前提においてはじめて、矛盾なく理解できる。なお、国体の問題に関連して、わが国の主権の所在の問題があるが、金森国務大臣の意見を紹介する。

主権在国民の原理によって、主権の所在が変ったか否かが問題となる。従来の一学説たる主権在君説から論定すれば、憲法の改正によって、それが国民に移ったことになるのは当然の帰結である。しかしながら他の考え方からすれば、主権は従来から国民全体にあったので、天皇は国権の総攬機関であったのである。この主権在国民の原理は、従来国民が十分意識しなかったのであって、主権在国家説などの姿をもっていた。それが今回自覚期に入ったのである。過去においても、天皇の地位は国民の納得を伴なっていたものであって、これを基として静視すれば、主権在国民の本質が過去に於て存在したといい得る。つまり、実質的変化か、認識的変化かの何れかであるが、何れにしても変化はある。しかし自分(金森国務相)は後の考えが正しいと思う。

以上が、国体及び主権の問題に関する政府の見解であるが、議会の両院では、活発に論戦が展開された。特に貴族院では、法律学者が揃って質問陣をはり、国体は変革されたではないか、と政府に迫ったけれども、政府は、変革されたのは政体であって国体ではない、という信念で一貫した。この見解の相違は、新憲法解釈の学問的命題として、将来にまで残ることになるであろう。

第二章　戦争の放棄

本章は新憲法の一大特色であり、再建日本の平和に対する熱望を、大胆率直に表明した理想主義の旗ともいうべきものである。

いうまでもなく、戦争は、最大の罪悪である。しかも、世界の歴史は戦争の歴史であると言われるように、有史以前から戦争は絶えない。第一次世界大戦の後に出現した国際連盟は第二次大戦を阻止し得なかったし、今日新たに、世界平和を念願して生れた国際連合も、目的を貫徹するためには、加盟国はお互に非常な努力が必要とされるのである。

しかし、何とかして、人類の最大不幸であり、最大罪悪である戦争を防止しなければならないことは、世界人類の一人一人が胆に銘じて念ずるところである。

一度び戦争が起れば人道は無視され、個人の尊厳と基本的人権は蹂躙され、文明は抹殺されてしまう。原子爆弾の出現は、戦争の可能性を拡大するか、又は逆に戦争の原因を終息せしめるかの重大段階に到達したのであるが、識者は、まず文明が戦争を抹殺しなければ、やがて戦争が文明を抹殺するであろうと真剣に憂えているのである。

ここに於て本章の有する重大な積極的意義を知るのである。すなわち、政府は衆議院において所信を述べ、「戦争放棄の規定は、わが国が好戦国であるという世界の疑惑を除去する消極的効果と、国際連合自身も理想として掲げているところの、戦争は国際平和団体に対する犯罪であるとの精神を、わが国が率先して実現するという、積極的な効果がある。現在のわが国は未だ十分な発言権を以てこの後の理想を主張し得る段階には達していないが、必ずや何時の日にか世界の支持を受けるであろう、」云々

日本国民は、正義と秩序を基調とする国際平和を誠実真剣な態度で求めている。国権の発動たる戦争と、武力による威嚇や武力の行使は、永久に放棄する旨を宣言したのである。そしてさらに、この目的を達成するためには、陸海空軍その他、一切の武力を持たず、国の交戦権はこれを認めない、と規定したのである。

侵略戦争否認の思想を、憲法に法制化した例は絶無ではない。例えば一七九一年のフランス憲法、一八九一年のブラジル憲法の如きはそれである。しかしわが新憲法の

ように、大胆に捨身となって、率直に自ら全面的に軍備の撤廃を宣言し、一切の戦争を否定したものは未だ歴史にその類例を見ないのである。

これに対して、議会では多くの疑問が提出された。即ちまず、本規定によりわが国は自衛権を放棄する結果になりはしないか。よし放棄しないまでも、将来、国際的保障がなければ、自己防衛の方法がないではないか、という点が、誰しも感ずる疑問であろう。しかし、日本が国際連合に加入する場合を考えるならば、国際連合憲章第五十一条には、明らかに自衛権を認めているのであり、安全保障理事会は、その兵力を以て被侵略国を防衛する義務を負うのであるから、今後わが国の防衛は、国際連合に参加することによって全うせられることになるわけである。

第三章　国民の権利及び義務

一

この章の特色は、基本的人権の擁護にある。

ポツダム宣言の条項の中にも、「言論、宗教及び思想の自由並びに、基本的人権の尊重」が謳われているが、この基本的人権を徹底的に保障するということは、完成された個人の意思を基調とする民主主義政治の要諦であって、この意味では、この第三章は、新憲法の基礎をなす重要な部分である。

本章は、まず「国民は、すべての基本的人権の享有を妨げられない。」(第十一条)という規定をおき、およそ基本的人権と考えられるすべてを保障することを明らかにし、その重要なものを拾ってさらに具体的に規定し、その徹底を期している。即ち、すべて国民は、個人として尊重されるべきこと(第十三条)、すべて国民は法の下に平等であること(第十四条)、公務員の選定罷免は国民固有の権利である(第十五条)ことというような原則的規定のほか、請願権(第十六条)、公務員の不法に対する賠償請求権(第十七条)、人身拘束の禁止(第十八条)、思想及び良心の自由(第十九条)、信教の自由(第二十条)、集会、結社及び言論、出版その他一切の表現の自由(第二十一条)、居住移転及び職業選択の自由(第二十二条)、学問の自由(第二十三条)、等の保障、婚姻は両性の合意でのみ成立し、家族に関する事柄についての個人の尊厳、両性の本質的平等の確保(第二十四条)、文化的最低生活の保障(第二十五条)、教育を受ける権利の保障(第二十六条)、勤労の権利についての保障(第二十七・二十八条)、財産権の保障(第二十九条)、裁判請求権の保障(第三十二条)、その他刑事手続に関する一般の保障規定が設けてあり、殊に過去において種々な弊害を生じた刑事訴追の関係については、細密に規定されている。

二

民主主義政治の要点は、国民の生れながらにしてもつ権利、基本的人権を尊び、人格の尊厳と自由を重んずることによって、すべての人に幸福な生活を営ましめんとするところに在る。それで、近代民主主義が第一に要求するところは、国民の基本的人権と自由とを保障するにありとされるが、これは一面、義務と責任とを伴なう。すなわち人はその権利を保障されてさらに人格の覚醒を促し、その反省によって各個人の義務と責任感の充実を招き、よりよき民主主義政治が発達することになる。この二つの意味から、人格の尊重と自由の保障とは、民主主義政治の大いなる前提をなすのである。

だが、与えられた権利と自由とを濫用して、秩序をみだり、国家社会の衰運をまねくが如き行動が時流に乗って横行する如きは、最も戒しむべき法の悪用というべきであろう。

本章にはなお、個人の尊重に関連しての「生命、自由及び幸福追求に対する国民の権利については、公共の福祉に反しない限り、立法その他の国政の上で、最大の尊重を必要とする。」(第十三条)とし、殊に「国は、すべての生活部面について、社会福祉、社会保障及び公衆衛生の向上及び増進に努めなければならない。」(第二十五条)、というような規定をもって飾られている。これらは明治憲法に見られない新らしい角度から定められた。殊に後者の如きは国家の不干渉というような消極的立場を脱し、積極的に、国の施策の方向を示し、新憲法の持味を生かしたものといってよいと思う。

三

明治憲法においても、一定の事項を拾って国民の自由権利を保障している。たとえば、居住移転の自由、みだりに逮捕監禁、審問、処罰を受けぬ保障、住居の不可侵、信書の秘密に対する保障、財産権の不可侵、信教の自由、言論、出版、集会、結社の自由、などであるが、これらの保障と自由とは、多くの場合、「法律に定められたる場合を除く外」又は、「法律に依るにあらずして」という限界があって、しかも、一部の権力者が、この「法律に定められたる場合」を逆用して、ついには憲法が死文と化するような状態に陥ってしまったことは、われわれが、特に既往十数年間、身にしみて体験したところであった。

新憲法では、法律云々の抜け道はつけてない。憲法自ら直接に保障する原則を採用しているから、その強さにおいても格段の相違がある。

特に列挙されたものを見ても、学問、思想及び良心の自由、教育を受ける権利、宗教の自由、生活権の保障、勤労に関する保障、労働団結権、団体協約権の保障等、文化的、社会的、経済的な面において新時代に即した事項が数多くとり上げられている。

　また、婚姻は両性の合意のみに基いて成立し、夫婦は同等の権利を有し、また家族に関しては個人の尊厳と両性の本質的平等を主張している点は、封建的家族制度に一大革新を要請するものであり、また、封建的社会制度に対する改革の規定としては第十四条をあげ得る。すなわち、すべての国民は法の下に平等であって、人種、信条、性別、社会的身分、又は門地によって一切の差別をうけない。

　華族制度は認められないので、新憲法施行と共に廃止されるし、栄誉や勲章は、一切の特権を伴わないことに規定されている。

　なお親子の関係につき新憲法中規定がないのは、政治に関する法たる憲法の性格に起因するものであり、国家が、この関係を軽視するものと速断してはならないのである。

四

　この民主主義的な情緒は、口語体平仮名で書かれた新憲法のいたるところに、百花みだれるが如く咲きほこっているのである。

この憲法は、権利と自由とを主張して、その裏づけとなる義務の点については極めて消極的ではないかと評する者がある。なるほど、どの条文を見ても「義務」という文字は少ない。普通教育に関する義務（第二十六条）、勤労の義務（第二十七条）、納税の義務（第三十条）の三つの義務が目につくくらいなもので、これを権利、保障、自由の文字多きに比べては、比重が軽きにすぎる、というのは一応適切な批評かも知れない。しかし、それは、今日まで、法律の枠内で権利よりも義務を押しつけられることになれて来た悲しい習性ともいえるであろう。個人の人格が完成された国民の場合では、権利の裏づけとして義務の存することは当然とされているのであって、義務条項の少なさを批評するのは、未だ完成された国民の自覚が不足しているからだともいえよう。

新憲法第十二条では、正に、その点を述べている。

「この憲法が国民に保障する自由及び権利は、国民の不断の努力によつて、これを保持しなければならない。又、国民は、これを濫用してはならないのであつて、常に公共の福祉のためにこれを利用する責任を負ふ。」

第四章　国　会

一

国会は、国権の最高機関であって、国の唯一の立法機関である(第四十一条)。新憲法は、国権発動の機関として、国会、内閣及び裁判所の三つの機関を設けているが、その中で、国会を国政の中枢、国権の最高機関としている。新憲法の下におけるわが国の政治機構は、完全に国会中心主義になっているのである。この点は「男を女とし、女を男とする以外」のことは何事も可能とされる英国の議会政治と共通するものがあり、明治憲法の如き制約された議会政治とは全く趣を異にしている。

勿論、内閣総理大臣は、議会の多数党から選出され、閣員は総理大臣の任命によるので、英国の場合と同じように議院内閣制をとるわけであるが、内閣の地位は、国会の下に在って、どこまでも国会の権力は強大である。

しかし、一方、アメリカ式に、判然たる三権分立主義をも加味した結果、立法機関としての国会が憲法に違反する立法をなした場合は、最高裁判所がこれを審査する権利を保有し、また同時に、国会は罷免の訴追をうけた裁判官を裁判する権利をもっているから、司法権と立法権とは相互牽制の妙味を発揮しているわけである。

国会の権限は、法律の制定、条約の承認、予算その他財政に関する権限等、国政の基本たるべき事柄のすべてにわたっているが、前述のように内閣総理大臣が、国会議員の中から議決指名されることは、この憲法における国会の地位を端的に示しているものであり、政府に対して、優越の地位にあることを現わしているわけである。

二

国会は、衆議院及び参議院の両院で構成する(第四十二条)。

明治憲法における帝国議会は、衆議院及び参議院の両院制度を採用しているが、新憲法で、貴族院は消滅し参議院がうまれる。而して、新しい両院制度は、従来のそれとは余程趣を異にしたものになるのである。まず、両院とも、民主主義の原則に基いて、いずれも「全国民を代表する選挙された議員」を以て組織され(第四十三条)、その議員及び選挙人の資格を定めるに当っては、人種、性別の外、門地、教育、財産又は収入によって差別してはならない(第四十四条)徹底的な普通選挙であって、これは参議院にも適用されるから、従来の貴族院のような、皇族、華族、多額納税者、勅選議員等を以てする特権的な構成は許されないことになるのである。

以上の原則は両院共通であるが、両院の組織実態は法律にこれを譲り、右の原則の範囲内で、各議院の本質に応じた適切な選挙法が決められるのである。それは、新憲法が通過した次の議会の議を経て出現する筈であるが、既に新憲法に明文化されている。議員の任期は、衆議院議員については四年であり(第四十五条)、参議院議員は六年とし、三年毎にその半数を改選するものとし(第四十六条)両院についての差を設けている。アメリカの上院が二年毎に三分の一ずつ改選される制度に似て、参議院の構成に継続性をもたせ、その特質を発揮せしめるためである。なお、衆議院には解散があり、参議院にはこれが無いことも、両院の本質に触れた大きな差異である。

両院によって国会が構成される。明治憲法では帝国議会と呼ばれたが、新憲法では国会と称するのが公式で、「議会」は一般的な普通名詞となるわけである。

さて、国会を構成する両院の機能についていえば、衆議院は参議院に対して著るしく優越している。例えば、法律案の議決について、参議院が衆議院と異った議決をした場合、衆議院で出席議員の三分の二以上の多数で再び議決したときには、それが法律として確定するのであり、しかもその場合、参議院が、いわゆる握りつぶしの方法をとることを妨げる意味で、参議院が衆議院より法律案の送付を受取った後、六十日たっても議決しないときは、衆議院は参議院がその法律を否決したものと見なして、右に述べた手続をとることができる、と定められている(第五十九条)。

内閣総理大臣の議決指名についてもこれと同様な規定があり、これについては、法律案の場合よりも一層衆議院の意思に優越性が認められている。すなわち、法律の定めるところにより、両議院の協議会を開いても意見が一致しない場合、又は衆議院が指名の決議をした後、国会休会中の期間を除いて十日以内に、参議院が指名の決議をしないときは、衆議院の議決を以て、国会の議決とする(第六十七条)。

英国の議会では上院の力を制限し下院の議決権を強力ならしめ、その両院制度を一院制度に近からしめたものとして有名であるが、その規定によっても、日本の新憲法による衆議院の方がもっと強力である。すなわち、英国議会では、法律案が三会期にわたって連続下院を通過したときには、あくまで上院が否決しても議会の議決があったものとして、国王がこれに署名して成立することになっている。

もう一つ、予算の場合である。

予算はまず衆議院に提出される。予算先議権は明治憲法と同じであるが、その審議に当って、参議院が衆議院と異った議決をした場合には両院協議会を開くが、協議会を開いてもなお意見が一致しないとき、または参議院が衆議院の可決した予算を受取った後、国会休会中の期間を除いて三十日以内に議決をしないときは、衆議院の議決を国会の議決とする(第六十条)のである。

これを英国議会に比較してみるに、金銭法案に関しては他の法律案の場合よりも重く、下院で可決した金銭法案を上院が受理して後、一ヶ月以内に上院が可決しなければ、下院はこれにかまわないで王の署名裁可を求めることができるから、事実上、上院に反対権はないわけである。ほぼ、わが新憲法の規定と同じである。

これによってもわかるように、新憲法は国民の意思を新鮮に代表するものとして、衆議院に中心をおく。参議院は衆議院の足りない所を補い、国会における審議を周密ならしめると共に、衆議院の多数党が党利党略にかられて横暴を極めたり、一院制に近い権限をふるって、ともすれば軽率過激にわたる議決をせんとする際、世論の動向推移を正しく見究め、同時に其の特質を発揮してこれを是正するブレーキの役割をつとめる。

かくして国会の議事に対する世論の反映と信頼とを確保する機能を期待して、この二院制が採用されたわけである。

三

国会は常会として、必ず毎年一回は召集される（第五十二条）のであるが、常会の外、臨時会は必要に応じ何時でも召集される。しかもこの臨時会の召集については、議員の方から自ら進んでこれを要求し得るものとし（第五十三条）国会の機能発揮に遺憾なきを期している。

かかる国会の地位と、その使命からいって、国会は何時でも活動できる態勢にいなくてはならないのだが、衆議院が解散されて、まだ新議院が成立していない間は、国会としての活動は不可能であり、もし国に緊急の必要があった場合の措置に不都合が生じる。そこで新憲法はこのような場合に処するため、参議院の緊急集会の制度を設け、内閣が参議院に対しその手続をとって国会の権能を代行させることとしている。

但しそれは、あく迄臨時的の措置であるから、衆議院が成立した時にはその同意を求め、もし同意を得られないときは、その措置は効力を失うこととされている(第五十四条)。

明治憲法においては、緊急勅令、緊急財政処分、また、いわゆる非常大権制度等緊急の場合に処する途が広くひらけていたのである。これ等の制度は行政当局者にとっては極めて便利に出来ており、それだけ、濫用され易く、議会及び国民の意思を無視して国政が行われる危険が多分にあった。すなわち、法律案として議会に提出すれば否決されると予想された場合に、緊急勅令として、政府の独断で事を運ぶような事例も、しばしば見受けられたのである。

新憲法はあくまでも民主政治の本義に徹し、国会中心主義の建前から、臨時の必要が起れば必ずその都度国会の臨時会を召集し、又は参議院の緊急集会を求めて、立憲的に、万事を措置するの方針をとっているのである。

四

新憲法の下における国会は、国政の中枢をなすものであって、わが国政の将来は、国会及び国会議員が、憲法上与えられたこの重大な職責を正しく行うかどうかにかかっているのである。

而してこのことは、終局においては、その議員を選挙するわれら国民の双肩にかかっているわけである。議会政治は要するに国民全体の政治である。われら国民は国政に対する批判を怠らず、国政を担当するものは究極においてわれら自身であるという事実を深く考えなければならないのである。

第五章　内　閣

一

新憲法は「行政権は、内閣に属する。」(第六十五条)旨を定め、内閣を以て行政の最高責任者とした。そしてこの憲法は、いわゆる議院内閣制の主義に則って、内閣の組織及び運営の方法を定めている。

議院内閣制とは、内閣が国会の基礎の上に存立していることをいう。国会は国民の代表であるから、結局において内閣の行なう政治は民意による政治となる、ということをその基本とするものである。

この制度は英国において模範的に発達をとげている。すなわち英国では、下院に多数を占める政党が内閣を組織するから、閣員は原則として政党員であり、又、下院もしくは上院の議員である。わが新憲法においては、総理大臣と、閣員の過半数とは国会議員たることを必要としているから、これとほぼ軌を一にしているのである。ただ英国の場合は、不文律であるが、わが新憲法は明文をもってこれを規定した。

二

内閣はその首長たる内閣総理大臣及びその他の国務大臣を以て組織される(第六十六条)のであるが、内閣総理大臣は、国会議員の中から国会の議決でこれを指名し(第六十七条)その指名に基いて天皇が任命する。他の国務大臣は、内閣総理大臣がこれを任免するが、その過半数は国会議員の中から選ばなければならない(第六十八条)。而してその場合、内閣総理大臣その他の国務大臣は「文民」でなければならない(第六十六条)ことになっている。

「文民」というのは、日本語では全く新らしい熟語である。英語に翻訳すれば「シビリアン」(市民)で、直ちに諒解されるところであるが、まだ使いなれぬ字句なのでもの珍らしく感ぜられる。この条文の趣旨は、前文及び第二章に示された平和主義の精神をうけて、軍国主義的人物がかかる国家の要職に就くことを排除する規定なのである。

内閣総理大臣は、明治憲法の下においては、いわゆる「大命降下」で、天皇が選任された。尤も、大命降下までには、元老とか重臣といわれる人々が、あらかじめ候補者を協議選定して、後継内閣組織の御下問に奉答し、天皇が御下命になる不文律になっていた。

これが、天皇制の名の下に、一部権力者が国政を私し、国を今日の悲境に陥れた原因であるとして、厳粛に批判されている点である。この故に、国民の代表である国会が、民主主義的な方法によって総理大臣を議決指名することになったのであるが、このような例は議院内閣制の模範国といわれる英国にもない。すなわち英国では、総理大臣も国務大臣も国王が任命する形式をとっている。

三権分立を厳格に解釈している米国では、大統領の組織する内閣は全く議会から独立し、大統領の任命する各省長官は議員たるを必要とせず、行政権の立法司法の両権に対する対等性を示しているが、わが国では、従来専制的権力を握っていた行政府の地位を弱めたともいえるのである。

三

内閣は行政権の行使について国会に対し、連帯して責任を負う(第六十六条)。いわゆる一蓮托生である。而して、衆議院が内閣不信任の決議をなし、又は信任の決議案を否決した場合には、内閣は衆議院解散の手続きをとって直接信を国民に問うか、あるいは直ちに総辞職をするか、その何れかの途を選ばなければならない(第六十九条)。また、内閣総理大臣が欠けた時、または衆議院議員総選挙の後に初めて国会の召集があったときは、内閣は、総辞職をしなければならない(第七十条)。これらは何れも議院内閣制の主義を遺憾なく採りいれたものということができる。

四

新憲法は、内閣の権限として、一般行政事務の中から、特に重要な事項を掲げ、法律を誠実に執行し国務を総理すること、というような原則的なものの外、条約の締結権、政令の制定権などを列挙している(第七十三条)。

条約の締結については、事前に又は、場合によっては、事後に国会の承認を経ることを必要とする旨規定し、政令については、この憲法及び法律の規定を執行するために、これを制定し得ることを明かにしている。政令というのは、従前の勅令に近い形のものであるが、新憲法の本旨からいって、国民に義務を課し、負担を命じ、その他国民を拘束するような規定はすべて、国会の議決する法律に基くべきことは当然であり、従って法律の特別の委任がない限り、ただ憲法及び法律の規定を執行するためにのみ、発せられるべきことを明かにしているのである。

本章で目につくことは、内閣の権限のうちに、従来は天皇に属していた大権事項が多く移管されたということである。明治憲法では、内閣は天皇に対してのみ責任を負うことになっていたが、ここでは議会に対してのみ責任を負うと規定されているし、天皇を輔弼する責任は、助言と承認の方法に変っており、「裁可」の代りに「認証」となっている。前にも述べた国務大臣任免の権限などは、特に著るしい変化といわなければならない。

第六章　司　法

一

司法は社会生活における法と秩序の維持及び正義の実現の機能を営むものである。この機能は一般政治及び行政にくらべて消極的であるが、社会生活における重要性の点で決してこれ等に劣るものでない。この機能は良心的に公正に発揮されねばならず、従って政治的行政的干渉に対して独立が保障されなければならない。この故に司法権の独立は明治憲法にも謳われており、わが国の裁判官は、その精神を守って、法治国の面目を立てて来たのであるが、この司法権の独立は、新憲法においてさらに強化された。たとえば、最高裁判所は、従来の枢密院が自負していたところの「憲法の番人」たる役割を担うことになった如きはその一例である。

最高裁判所の長たる裁判官は、内閣総理大臣と相並んで、内閣の指名に基き天皇が任命する(第六条)ことになっているが、最高裁判所の、その他の裁判官は、内閣がこれを任命するのである。

而して、これ等の裁判官の任命については、任命された直後及び十年を経過する毎に、衆議院議員総選挙の時を利用して、広く国民の審査に付し、国民の多数が罷免を可とするときは、その裁判官は罷免されることになっている。

裁判官はいわば国民が選任しかつ監督するのであって、裁判官の地位も究極においては、国民の総意を以て決するものであることを示したものであり、民主主義の建前から見て、筋の通った規定であろう。なお、この制度は類似のものが米国の一部の州に行われているだけで、諸外国にもあまり例を見ない新しい制度である。最高裁判所のもつ、違憲立法審査権などの重要な機能にかんがみて、適切な方法であるといい得ると思う。

なお、最高裁判所、下級裁判所の裁判官は、何れも法律の定める年齢に達した時、退官し(第七十九・八十条)又、心身の故障がある場合に罷免されることはあるが、これ以外は、公の弾劾によらなければ罷免されない(第七十八条)。この弾劾については国会議員で組織する弾劾裁判所が裁判することになっている(第六十四条)。

このような厳重な身分の保障と相俟って、憲法は特に一条項を置き「すべて裁判官は、その良心に従ひ独立してその職権を行ひ、この憲法及び法律にのみ拘束される。」（第七十六条）と規定して、その公正にして独立なるはたらきを要請している。

二

新憲法は「すべて司法権は、最高裁判所及び法律の定めるところにより設置する下級裁判所に属する。」（第七十六条）と定め、裁判所の組織及び機能に関し、人権保障の最後の保塁として、裁判の公正、司法権の独立を確保するため適切な諸規定を設けている。

明治憲法では、特別裁判所及び行政裁判所に関し、規定しているが、新憲法は、特別裁判所の設置は明かにこれを否認し、また、行政機関は、終審として裁判を行うことができないものとしている。特別裁判所というのは、従前の軍法会議のごときがその一例であるが、単に権限が特別である、というだけでなく、その特殊な構成または作用からして、人権保障の上に好ましくない沿革をもっている制度であるだけに、この憲法では明白にこれを否認したのである。

なお、新憲法においては、従来の行政裁判所の機能は、今後一般の司法裁判所の機能に移されることとなった。

三

この憲法は、違憲立法等に対する裁判所の審査権について、特に規定を設け「最高裁判所は、一切の法律、命令、規則又は処分が憲法に適合するかしないかを決定する権限を有する終審裁判所である。」(第八十一条)としている。

これは、裁判所は、命令等はもとより法律についても、いわゆる違憲立法審査権を有すること、即ち、裁判所は訴訟事件の裁判にあたり、適用すべき法規が憲法に違反するものと判断した場合には、その無効を宣言して適用を拒否し得ることを定めたものであって、このことは、憲法が国の最高法規であるという建前を貫く、有力な保障であるといわねばならない。

しかも、新憲法は、この違憲立法審査について、最高裁判所を終審裁判所としたのであるから、これによって最高裁判所は、いわば憲法の番人として、この憲法の権威を擁護する、大きな責任を与えられたこととなる。

四

なお、裁判の対審及び判決公開の原則も、明治憲法よりはるかに厳重に定められ、殊に政治犯罪、出版に関する犯罪又はこの憲法第三章で保障する国民の権利が問題となっている事件の対審は、常にこれを公開すべきものとし（第八十二条）、あくまでも裁判の公正を期している。

第七章　財　政

財政はいうまでもなく国政の基礎である。これが確立し安定しなければ、他の法的基礎がどんなに美しく描かれても、空中楼閣になる惧れがある。ちょうど、設計図を書いても、基礎工事の材料が足りなければ、建築はできないのと同じである。

新憲法は、どうして財政を健全ならしめるかを、民主主義的な方法で規定している。すなわち、国会中心主義の建前から、国の財政は全面的に国会の統制の下に立つものとしてある。「国の財政を処理する権限は、国会の議決に基いて、これを行使しなければならない。」(第八十三条)と大原則を掲げ、これを基本として、国費の支出、国の債務負担、予算、予備費等について所要の規定を設けている。

明治憲法でも、大体如上の趣旨に変りはないが、議会の議決を経ないで、政府の独断で決定するところの、財政上の緊急処分、予算不成立の場合における前年度予算の踏襲等について認める規定があるが、新憲法では、国会尊重の立場から、このような例外規定を認めない。これらの事柄について、もし必要があれば臨時議会の召集、解散等により衆議院のないときは、参議院の緊急集会によって立憲的に措置さるべきことを期待しているのである。

二

新憲法の財政の章で特に目につくのは、皇室財産及び皇室費についての規定である。「すべて皇室財産は、国に属する。すべて皇室の費用は、予算に計上して国会の議決を経なければならない。」（第八十八条）としているのがそれである。

この規定は、天皇の御地位、皇室、皇族の新しいあり方を具体的に示したものであり、そして、皇室関係の財産授受についての第一章の第八条と照応するものである。その趣旨とするところは、元来、皇室が国の財産とは別に公的な財産をもたれることが適当ではなく、天皇が公の地位において、国事に関する行為を行われるために必要な財産は、すなわち国の財産たるべきであるとの見地から、皇室の公的財産はすべて国に属するとした。皇室の費用は、予算の中に組み入れて国会が議決し、国民がわれらの皇室のために必要な費用をさし上げる、という建前をとったのである。

こうすることによって、皇室の経費も国民の前に公開され、皇室と国民との間にへだたりが無くなって親しみが増し、そして皇室の純粋性と御安泰とが確保されることになるのである。なお、この規定は、天皇及び皇室のお持ちになる純然たる個人財産までも国に属するものとしたのでないことは勿論である。

三

次に信教の自由が保障されたことに伴う新しい趣旨が規定されている。すなわち、国又は公共団体は、宗教活動の自由を保障する建前から、全く無関係でなければならない。そこで、国又は公共団体の財産が、宗教団体の事業の利用に供される等の特別な保護をしてはならないとし、慈善、教育、または博愛を目的とする民間の事業に、公の財政から援助を与えることは、ややもすればこれ等の事業の援助という美名の下に、公費の濫費が行われ、または、ある宗教団体其の他に対し偏頗な取扱をなすおそれがあるので、公の支配に属しないこれらの団体に対し、このような援助を禁止する規定を置いている(第八十九条)。

四

最後にこの章では、国の財政状況を一般国民に周知させるために、内閣は、国会及び国民に対し少くとも毎年一回、国の財政状況について報告しなければならない（第九十一条）ものとしている。

国の財政は国民生活の上に最も大きく、直接深刻な関係があり、国民がこれをよく知り理解する必要があることは勿論、また国の政治の実体は、国の財政状況の中に如実に現われて来るものであるから、これを知り、理解することによって国民は、国の政治に対する批判の眼をひらき、政治をよき方向に導くために努力する機会を与えられるのである。

第八章　地方自治

地方自治制は、立憲政治の基盤である。これを一本の樹にたとえれば、幹は中央における国政であり、根や枝や葉は地方自治の政治である。国会第一主義に改められたわが国政治の将来に、繁栄をもたらせるためには、地方自治制をよりよく養い育てなければ、仏つくって魂を入れぬものであろう。

ところが、明治憲法には、この地方自治に関して何等の規定をも設けず一切を法律に委ねていた。そのためというのではないが、従来のわが地方自治には、官治的色彩が強く、民主的な風潮が薄かった。たまたま民主的傾向が現われていると思えば、過去の政党によるボス政治的悪弊に毒されることも少からず、その害の及ぼすところ、はなはだ深いものさえあったのである。

新憲法は、中央地方相まって真の民主政治が実現されることを期待し、基本法の中にこれを盛ったもので、中央集権から地方分権へ、官治政治から民主政治へ、移って行くわけである。

本章は、地方公共団体の組織及び運営はすべて地方自治の本旨に基いて法律によって定められるものとする（第九十二条）、と共に、地方公共団体の長、その議会の議員及び法律の定めるその他の吏員は、何れも住民によって直接選挙さるべきものとし（第九十三条）その機関の構成について徹底した民主主義の原則をとっている。

これによって、都、道、府、県の長官たる知事は公選によって決められることになるのである。

ここで注意しなければならないことは、かかる広い範囲の自治制を運営するに当って、自治体の住民がよほど訓練された政治常識と判断力とをもっていない場合には、自由の濫用による政党的色彩強化のため、かえって自治がみだれる惧れなしとしないことである。

府県制、市制、町村制のように、すべての地方公共団体に適用される一般法でなく、たとえば、東京都だけに適用されるような、特別の法律を、国会だけの議決で制定してしまえば、その住民の直接の利害を考える上で不十分であり、また、地方自治の本旨に添わないことにもなるので、このような特別の法律は、国会の議決の外、その住民の直接投票に付し、その過半数の同意を得なければならないことにした(第九十五条)。

これは、第三章の国民各個人の自由の保障と照し合せて、地方公共団体各個の自由を保障したものとも見られるのであって、新憲法を貫く根本精神の一つの現われといい得るのである。

第九章　改　正

新憲法は将来その改正さるべき場合、主権在国民の原理に徹した新しい手続を定めている。すなわち、憲法改正は、国民代表の機関たる国会が、各議院の総議員数の三分の二以上の賛成によって発議し、国民に提案してその承認を経なければならない。この承認には、国民投票において、その過半数の賛成を必要とすることになっている（第九十六条）。そして、国民の承認があったならば、天皇はその象徴たる御地位において、国民の名でこれを公布されることになっている（第九十六条）。

第十章　最高法規

新憲法が、真にわが国の最高法規であることは、改めて述べるまでもない。

そこで特にここに一章を設け、この憲法の保障する、基本的人権の特に貴重なる理由を明かにする(第九十七条)と共に、この憲法は国の最高法規であって、その条規に反する法律、命令、詔勅及び国務に関するその他の行為の全部又は一部は、その効力を有しないことを示し、併せて、条約及び国際法規はこれを誠実に守るべきことを規定した(第九十八条)。而してなお、天皇又は摂政及び国務大臣、国会議員、裁判官その他の公務員は、この憲法を尊重し擁護する義務を負うべきこと(第九十九条)を明かにしている。

第十一章　補　則

新憲法は何時から実施され、効力を発するか。公布の日から起算して六ヶ月を経過した日からである(第百条)。

憲法が改正されても、これに付属する多くの法律ができなければ、実際上の運用はできない。六ヶ月の間に参議院法等の法律をつくって形影相伴なう日を待つ必要があるからである。

参議院法は出来ても参議院それ自体は未だ成立していない、と思われるので、その場合は、衆議院が国会としての権限を行うこと(第百一条)、第一期参議院議員の半数の者の任期は三年とすること(第百二条)、及び、新憲法施行の際、現に在職する国務大臣、衆議院議員及び裁判官並びにその他の公務員で、新憲法の下でもその地位が認められている者は、必ずしも当然にその地位を失うものではない、ということを定めている。

むすび

旧憲法を送り新憲法を迎えるに当って、国民は誰しも感慨なきを得ないのであるが、徒らに過去に対する感傷にふけっている時ではない。一日も早く、更生日本の基礎をかため、焦土に立派な国家建築を再興して、再び国際社会に名誉ある独立国たるの地位をしめるには、まずこの憲法の精神を誤たぬことが最も必要であり、この新憲法の下で、力強く生きぬく覚悟を新たにしなければならないのである。

解　説

高見勝利

1　日本国憲法の公布・施行と国民──憲法普及会の設置

日本国憲法は、一九四六年一一月三日公布、半年後の翌年五月三日から施行された。本書収録の三篇はいずれも公布後九ヶ月を経ないうちに議会関係団体と内閣および文部省が憲法の内容を国民に向けてやさしく説いた小冊子である。一番早く公刊されたのは、内閣の『新憲法の解説』(以下『解説』と略記、高山書院、一九四六年一一月三日刊)であり、憲法普及会の『新しい憲法　明るい生活』(以下『生活』と略記、憲法普及会、一九四七年五月三日刊)がこれに続き、文部省の『あたらしい憲法のはなし』(以下『はなし』と略記、文部省、同年八月二日刊)が最後となる。本書では読みやすさ、理解しやすさとともに、上記三冊子が相次いで刊行された背景として、「新憲法の精神を普及徹底し、これを国民生活の実際に浸透」させるべく四六年一二月一日帝国議会内に設置され、一年間に亘って憲法の普及活動に従事した憲法普及会(規程一条等参照)の存在と活動を逸することができないので、憲法普及会の『生活』、文部省の『はなし』、内閣の『解説』の順に配列した。

いかに立派な体裁と内容を具備した憲法が制定されたとしても、国民がその本旨を理解し、これを支持するものでなければ、実際に公権力を拘束する最高規範としてこれを通用させることは期待できない。国民の間で新憲法の意義が共有されて初めて、為政者によるその適切な運用がはかられうることになる。憲法制定に深く関わった連合国軍総司令部(以下〈GHQ〉と略記)は、こう考えて、憲法公布後、思想・宗教・教育等の改革を担当する民間情報教育局(以下〈CIE〉と略記)が中心となり、これにGHQ草案(新憲法のいわば原案)を作成した民政局(以下〈GS〉と略記)が協力する形で「政治教育計画」を立案する(*Political Reorientation of Japan*, p. 363f.[U.S. Government Printing Office, 1948])。

本書収録の『生活』および『はなし』の出版に関連すると思われる政治教育の「計画」は、CIEとGSとの協議で立案された「新日本憲法の宣伝」と題する四七年二月一一日付文書(GHQ/SCAP Records(RG 331. National Archives and Records Service)Box no. 5241 "Constitution")に記されている。そこでは、新憲法の発効する五月三日が迫り来つつあるいま、日本の将来にとって最も重要なことは、日本国民が自らの権利とそれに伴う責任について周知することだとし、憲法周知のための活動計画が列挙されている。そのうち、次の二つの計画の指摘が上記二点の小冊子の刊行となって結実する。

(a)　計画の一つは、「最高司令官〔ダグラス・マッカーサー〕のたっての希望は、もし実行可能であるならば、来るべき総選挙〔四月一〇日施行。なお参議院通常選挙は同月二〇日施行。また同月には地方自治体の首長・議会選挙も相次いで実施〕前に、すべての有権者が憲法の写しを手にしていることである。憲法普及会は、こうした計画のために活動しているが、援助も必要である。この企画が来月中に着手され、完遂されることを期待する」というものであった。

(b)　いま一つは、エレメンタリー・スクールで憲法を教えるというCIEが立案した企画である。「この企画は、できるだけ早く実施に移すことが必要である。まさに明日の民主的活動の担い手は、他ならぬ今日の子どもたちだからである。日本中のすべての学校教師はまず自ら憲法に習熟しなければならず、そして、すべての学校で民主主義と新憲法の教育に毎日一定の時限を割くよう要請されなくてはならない。四月には新学期〔六・三・三の新学制〕が始まるので、そのカリキュラムのなかには、これらの要請が含められるべきである」というものであった。

他方、日本政府は、四六年一一月三日の憲法公布の翌日早々「新憲法の公布を機とし、その精神の普及徹底を期する」旨の声明を発表し、国民に対してその実現にむけ協力を要請する。そして、貴衆両院と政府は、上述の如く一二月一日、議会内に憲法普及会を設けたのである(事務所は文部省庁舎に間借り)。その基本構想は、同年八月二六日内閣審議室が作成した「新憲法精神普及徹底要綱案」(以下「要綱案」と略記。国立国会図書館入江関係文書所収)に示されている。そこでは、「今般の憲法改正を機として國民の一人一人が新憲法の眞意義を充分に理解し、新しい國家機構に即應して國民各自が其の權利と義務を正しく行使する体制を樹立することは刻下の急務であ〔る〕」とし、その見地から、新憲法精神普及の国民運動の推進を支援すべきものとしている。そのため、政府は、両院議員及び各界有識者に対し「憲法精神普及徹底聯盟(假稱)」の設立を斡旋し、国民運動の実現を図るものとされている。すなわち、当該運動は国民各層の自主的運動たることを本旨とし、①中央と地方重要地区での憲法講習会等の開催、②憲法正文の大量印刷頒布、③憲法精神の理解に必要な資料の作製頒布・斡旋、④憲法精神普及のための(i)講演会等への講師派遣斡旋、(ii)学校拡張講座の開催、(iii)映画・幻灯・紙芝居・歌謡等の作製斡旋、④ラジオ・新聞・雑誌等のメディアや社会教育施設・町内会等を利用した憲法精神の普及活動を実施するものとしている。そして、これらの活動計画は、憲法普及会によって四七年二月頃から相次いで実施に移されたのである。

憲法普及会創設時の役員中、本書所収の小冊子の執筆や監修等に大なり小なり関与したと思われるのは、芦田均(会長[元衆議院帝国憲法改正案委員会委員長])、金森徳次郎(副会長[憲法担当国務大臣〕)、林譲治(理事長〔内閣書記官長〕)、入江俊郎(理事〔法制局長官〕)、浅井清(理事〔慶応大学教授〕)、田中二郎(理事〔東京大学教授〕)、山浦貫一(理事〔読売新聞政治部記者〕)、横田喜三郎(理事〔東京大学教授〕)、である(なお憲法学者の河村又介〔九州大学教授〕・清宮四郎〔東北大学教授〕・鈴木安蔵〔民間の憲法研究者〕・宮沢俊義〔東京大学教授〕の四氏も憲法普及会役員〔理事〕に名を連ねるが、三小冊子との関係は認められない)。

2　金森徳次郎の「十分間憲法了解法」と『生活』

憲法普及会は、出版物の企画・立案・刊行ならびに同会が適当と認める刊行物の用紙の斡旋、良書の推薦および買上頒布等の諸事務を処理するために、事務局内に出版委員会を設け、永井浩事務局長を長とし、田中・山浦両理事らによって構成された。その委員会が最初に手がけた出版物が『生活』であった。憲法普及会『事業概要報告書』(以下『報告書』と略記。一九四七年一二月刊)には、「各戸配布用小冊子の刊行」との表題のもとに、その刊行の経緯が次のように記されている(三二頁)。

「まず最初に、小学卒業程度の学力をもつ国民を対象として『新しい憲法・明るい生活』と題する三十頁の小冊子を約二千万部発行した。内容は憲法全文のほかに、憲法精神の要点を挿絵入りで簡明平明に説明したもので、これは総司令部の示唆に基き、新憲法施行までには、全国各戸に洩れなく頒布するよう企画立案、刊行したものである。新日本誕生にふさわしい贈物として、一般家庭の好評を博した」(なお、点字版も作製、無償配布されている)。

ここで「総司令部の示唆」とは、総選挙前に全有権者が「憲法の写しを手にしていること」の計画(1(a)参照)を実行に移そうとしたものであろう。この「示唆」を受けて、憲法普及会と文部省教科書局が草案を作成、これに理事の横田、田中が手を入れ、さらに会長の芦田と副会長の金森が慎重審査し、総司令部側からもハッシー(GS)が監修に加わったとされている(古関彰一『日本国憲法の誕生』[岩波現代文庫、二〇〇九年]三三一頁、竹前栄治他『憲法制定史』[小学館文庫、二〇〇〇年]二七六頁参照)。問題は、草案の起草者は誰かである。憲法普及会と文部省教科書局が草案起草を担当したことになっているが、このうち、後者は憲法口語体化の際にも教科書局の図書監修官が関与していたこと(高見勝利「入江俊郎と憲法条文の口語化」中村睦男他編『立法過程の研究』[信山社、一九九七年]二四三頁以下)からして、おそらく草案の文章表現の助言にかかわったのではないかと思われる。かりにそうであるとすれば、憲法普及会のなかで実際に誰が起草に当たったのか。

憶測の域を出ないが、副会長で憲法の生みの親ともいえる金森その人がまさしく『生活』の起草者だったのではないか。その根拠は、「憲法と一般国民」と題された金森のエッセイ(『憲法随想』〔美和書房、一九四七年三月刊〕二四頁以下所収)にある。そこには「十分間憲法了解法」(以下「了解法」と略記)なるものが記されており、そのアイデアが『生活』の構成に存分に生かされているからである。

金森によれば「憲法は誰でもが知らなければならないものではある」が、「しかし誰でもが知りうるものでもない」。なぜなら、憲法には「特別なる人が精密に知らなければならぬことが合わせ書いてあ〔って〕」、「一般国民に対してこまかく憲法を了解せよという」のは「無理な注文」だからである。とはいえ、国民誰もが「憲法の精神を直感的に了解しうるようにしなければならない」。この国民一般に憲法を知らせるという立場からすると、「できるだけ簡単に、できるだけ正確に、できるだけ深刻に了解せしめながら、最短時間にこれを呑み込ませることが願わしい」。そこで案出されたのが上記・了解法である。

これはまず全体で十分間を三分、三分、四分に分け、最初の三分間を「あたまの切りかえ」に充てる。すなわち「人間は自分が中心であって、自分の責任と意思とによって行動するものであり、本質的にそとの力によって規制せられるものでない」ことの了解をはかるのである。旧憲法下では「なんでも『長いものには巻かれろ』」といった「他力本願であたまを鍛えられて」いたから、それを「撥ねのけて」、「人間こそは一切の行動の中心である」ことを「はっきりと念頭にかためること」がこの三分間の作業だというのである。

次の三分間は、新憲法の「眼目を箇条書にして呑みこむことである」。その眼目は四つあり、普遍的なるものが「世界平和」「民主政治」「国民の自由及権利の保障」の三つ、特殊的なるものが「天皇制」である。これらについて「簡単に要点を呑みこむのは、およそ三分間でできそう」である。

最後の四分間で、上記四眼目のもとに憲法が規定する多くの事柄のなかから、「国民一般が知らなければならないようなことを短い言葉に押しつめて並べておいて、これをおぼえることとである」。たとえば、「お正月にイロハかるたをとるような調子で、かような言葉を意味にかゝわらず覚えこむということ」を「ひとつの行きみち」として指示する。憲法のひとつひとつの「言葉の意味」は「相当にむずかしいもの」であり、「ひとつの言葉を一年かゝっても分かりえないかも知れぬし、また十年かゝっても呑み込めないものであるかも知れぬが、深さに関係なく、ひとわたり呑みこむには、わずか一、二秒にして足る」からである。そこで、金森は、憲法条文のなかから、四つの眼目と関連する三五のキーワード(「主権が国民に存する」から「国際法規は守らねばならない」まで)を列挙する。そして、「これらを覚えこむには、たいした時間」を要しないはずだとし、また「これらの言葉が適当に選まれるならば、だいたい憲法の精神はすぐに呑みこめることになる」とする（なおイロハかるたのアイデアは、憲法普及会内で別途生かされ、山形支部の原案をもとに「新いろはかるた」として「い　いくさをなくす新憲法」以下四四句を制定）。

以上が了解法の概要である。金森がこれを案出したのは、「日本人がこの憲法に親しむ」だけなら「なんのめんどうも要ら」ず、「一般国民を相手にして法律学の奥ぶかいところを教えこもうなどという考えかたは、およそ憲法の普及に逆作用をもつ」と考えたからである。

『生活』がこの了解法に基づいて構成されていることは、「生まれかわる日本」と題する冒頭の見出のもとで、憲法やその付属法律がいくら「新しくなっても、かんじんの頭の切りかえができていなくては何の役にも立たない」と言明しているところからして一目瞭然である。続く見出の「明るく平和な国へ」では、「国の政治の最高の権限」を天皇が保持していた旧憲法との対比で、「国の政治を行う大もとの力は国民全体」にあるとする新憲法の「民主政治」の意義が強調される（なお「大もと」という表現もまた、金森が子どもたちに「国民主権」をやさしく説く際、好んで使用したものであることにつき『少年少女のための憲法の話』〔世界社、一九四九年〕三七頁等を見よ）。また、「私たちの天皇」の見出のもとでは、金森の「おはこ」とも言える「あこがれ天皇〔制〕」が「天皇を中心として私たち国民が一つに結びついているという昔からの国柄」として語られ、新憲法下の「天皇制」の特殊性が指摘されている。さらに「もう戦争はしない」の見出では、今次の戦争に対する反省を踏まえ、「私たちは陸空海軍などの軍備をふりすてて、全くはだか身となって平和を守ることを世界に向かって約束した」とし、憲法の「世界平和」の眼目が語られている。そして、「人はみんな平等だ」の見出からは、「国民の自由及権利の保障」について、その要点が記されている。

こうした『生活』の構成からして、金森自身がこれを執筆したのではなかろうか。金森の意を体して草案をものしうる者が憲法普及会内かその周辺に居ればともかく、そうでなければ、金森が原案を執筆し(文章表現については文部省教科書局が関与)、横田・田中・芦田に回覧、意見を聴取したうえで、最終的に自らその内容を確定したと考えざるをえない。

なお、「国会は私たちの代表」から「知事も私たちが選挙」に至る見出のもとでの記述には、選挙を通じて国民が国会議員や地方の首長を選ぶこと、国会議員のなかから国会の指名により決められる首相も結局のところ国民が選ぶものであること、国民審査によって国民が最高裁裁判官を罷免しうることが全面に強く押し出されている。これら記述には、憲法周知のための活動計画における最も重要な観点として「新憲法は、日本人民が自らの運命を決定することができ、また、決定しなければならぬ装置だ」ということを絶えず日本側に強調しなければならないと説いていたハッシーの意見(一九四七年二月五日付「新日本憲法の宣伝計画」GHQ/SCAP Records(GS)Box no. 2088 "Publicity")が反映されているのかも知れない。

3　憲法の将来を子どもたちに託す浅井清の『はなし』

ＣＩＥが四七年四月から始まる新学制のエレメンタリー・スクールにおける教育課程に「民主主義と新憲法」を組み入れる計画を立てていたことについては、すでに触れた(1(b)参照)。これと似た憲法教育の構想は、四五年一一月文部省内に設置され、敗戦後の混乱のなかで新たな公民教育の基本方針を提示した公民教育刷新委員会答申(以下「刷新委答申」と略記)においても既に打ち出されていた。すなわち、そこでは、「平和的文化国家建設を目ざす今日、まず何よりも公民教育の内容が軍国主義的思潮や極端な国家主義的傾向に歪曲された反省の上に立ち、公民教育を刷新、その本来のあるべき姿を実現せしめなくてはならぬとの見地から、従来の修身と公民を統合して「公民科」を創設、教科書は「権威アル学識経験豊カナル者ノ執筆或ハ参画ニヨッテ編纂スルコトヲ要ス」(第一号[四五年一二月二二日])とし、またその教授内容について、「偏狭なる独断的思考及び見解」を排除し、基本的人権の尊重等の「普遍的一般的原理」に基づいて「わが国体・国法」等を理解するようなものに改変しなければならないとされていた(第二号[同月二九日])。

四七年四月の新学制カリキュラムには「社会科」の科目が登場する。この新名称が、マッカーサーの要請で日本の教育改革に助言を与えるために遣って来た米国教育使節団報告書(四六年三月)の"social studies"に対応するものであることは、報告書のなかで、「公民教育の実例といふのは日本において修身、時には『公民』と言はれてゐるもので、合衆国では『社会研究』の一部になつてゐるものである」との記述からも明らかである。そこには「男子生徒も女子生徒も、自国の憲法を辨へながら生長しなければならない」「彼等はまた他国の憲法についても多少の知識がなくてはならない」とも記されている。この報告書をもとに、CIEと文部省との協議を通じて、社会科の授業内容が詰められていくが、「普遍的一般的原理」に基づく憲法理解の必要性については上記・刷新委答申でも指摘されているところであり、したがって、その教科に憲法を盛り込むことは両者の間で共有されていた。

もっとも当初は、四七年四月の新学制発足に合わせて社会科の授業も開始することになっていたが、新設科目でもあり、また教材の執筆や教師の講習等が間に合わず、実際には九月からの実施となった。そして、その間に中学校用の社会科教科書は、各単元ごとに一冊のパンフレットを作成する形で印刷する方針がとられ、憲法については浅井が委嘱をうけ、八月二日、副教材として『はなし』を上梓している(久保義三『昭和教育史　下』〔三一書房、一九九四年〕二二九頁、二三二頁参照)。『はなし』は翌四八年度から二年間、中学一年の社会科教科書として使用されたものの、朝鮮戦争が勃発した五〇年度に副読本に格下げされ、五一年度でその使用が打ち切られた(一九九九年五月二日付『朝日新聞』参照)。

浅井は、『はなし』の執筆について「これは文部省の委嘱によって、小学校の上級生(国民学校高等科)に、新憲法の精神を理解させようとする目的を以て書いたもので、全国の小学校(新制中学校)に配布されるものである」、この「著作を為すに当たっては、嬉々として学校へ通う子供達の姿を見るにつけて、彼等の将来の幸福の為に、正しい憲法の知識を持たせる唯一の機会が与えられたことに感激を覚えた」と、四七年五月『日本憲法講話』(巌松堂、一九四七年九月刊)の「序」に記している。

執筆者の浅井は、天皇機関説事件により美濃部達吉の著作が内務省の発売禁止処分に遇ったとき、次の攻撃目標とされた学者の一人である。当時、文部省は全国の大学と高等専門学校で憲法を講じている教授等の学説を網羅的に調査した『憲法学説ニ関スル件』と題する文書を密かに作成、学説を天皇主体説と天皇機関説に分類している。浅井説は後者に分類され、著作の「天皇も議会も国家機関である」との記述には要注意を意味する傍線も付されている。危険を察知したのか。彼は、この頃から研究の軸足を明治維新の立憲思想に移し、憲政史の分野に沈潜、敗戦を迎える。戦後、新たな憲法の制定に向けた動きのなかで、自由党憲法改正要綱の策定に参画、貴族院議員(勅選)として憲法審議に参加する一方、かつて注意人物としてマークしたその文部省から委嘱され、本冊子を執筆するのである。

『はなし』は《The Story of the New Constitution》と題して英訳され、総司令部に提出されている(GHQ/SCAP(RG 331)Box no. 5749 "Textbooks and Handbooks—New Constitution". なお、他の二点についても同様に全文英訳されたものが《The New Constitution—A Bright Life》《Interpretation of the New Constitution as Revised by the Legislative Bureau》と題してGHQ/SCAP(RG 331)Box no. 2088 "Translation of Interpretation of the Constitution" 等に収録)。その英訳文に付された添え書きには、①『はなし』は浅井によって中学校低学年と成人教育向けに書き下ろされたものであり、その目的は申し分なく達せられているというのが日本人の評価であること、②題材の配列は憲法の章立てに従うが、「民主主義とは」「主権在民主義」「政党」といった特別の章を立てることで、憲法の拠って立つ背景にまで説き及び、個々人にとって憲法がもつ意味を生徒に明瞭に理解させる工夫が凝らされていること、③すでに三百五十万部配布され、目下二百万部が増刷中であることなどが記されている。

なお、『はなし』については、憲法が国家権力を縛るものだという立憲主義の視点が鮮明でないとの指摘がなされている。しかし、『はなし』の企画・執筆当時においては、子供たちがやがて成人したとき、憲法に表明された「民主主義」を使いこなすまでに習熟していることこそが最重要の課題であったはずである。したがって、その記述に「立憲主義」の視点が欠けているとの批判は望蜀に外ならないであろう。後者の視点が徐々に浮上するのは、「戦後民主主義」が「既に生きられた時代」として語られるようになるオイルショック後の一九七〇年代半ば以降だからである(高見勝利『政治の混迷と憲法』[岩波書店、二〇一二年]二七八頁参照)。

4　山浦貫一著・法制局閲・内閣発行『解説』の楽屋裏

明治憲法(「大日本帝国憲法」)が制定されるとき、草案が出来上がったところで、それを枢密院にかけた。そのとき、憲法の条文ごとに説明を加えたものを、コンニャク版で刷って、各顧問官にくばり、枢密院での審議の参考に供した。主として井上毅が書いたものであるが、それを後で伊藤博文の名前で公にしたのが『憲法義解』(以下、『義解』と略記。国家学会蔵版・丸善・初版一八八九年、宮沢俊義校註・岩波文庫・初版一九四〇年)である。『義解』は、明治憲法の起草者が書いた半官的な逐条解説書として、四五年に至るまで、憲法上の問題が生ずるたびにしばしば言及された。

日本国憲法が制定されたときにも、したがって、当然、『義解』のような有権的解釈書を出すべきだとする意見が政府部内で浮上した。また、枢密院や帝国議会の憲法改正案審議に向け逐条説明や想定問答・各国憲法例を整えていた法制局内部でも同様の意見がかなり有力であった。しかし、これに待ったをかけたのが金森である。その間の事情を当時法制局参事であった佐藤功（以下「佐藤（功）」と略記）は、後年次のように述べている。

「その点〔『義解』のようなものを公刊すること〕はこれはプライヴェートに、金森さんにいろいろな人が何か有権的な解釈書みたいなものを出すことを考えるべきだということを言われていたわけです。だけど金森さんは、あまのじゃく的なところがあるんですけれども、表向きがこの憲法は国民主権の憲法なのだから、そういう有権的なものを作ることは本質的に望ましくないということで、公定的な著書の出版には賛成していられなかつたわけです。だけれどそれについては法制局の中ではむしろ、とにかく内閣として責任をもつて提案し、そして将来それをやつていくわけだから、そんなことを言わないで、それの批判は別として責任あるものを出したらどうだという意見もあつたのです。だけど金森さんが非常に反対したものだから、そういうことは立消えになつたのです」（入江俊郎『憲法成立の経緯と憲法上の諸問題』〔以下『経緯』と略。第一法規、一九七六年〕四四九頁。なお伊藤公の『義解』のようなものを作るかという議会での質問に対して、金森は、「国民の作つた憲法は国民が解釈すべきであり政府者が作るのは不当影響のおそれがあるからいけない」との理由で、そうしたものは「作らない」と答えている。金森徳次郎『憲法うらおもて』〔学陽書房、一九六二年〕四四頁)。

ここで、佐藤(功)が「表向き」の理由と断っているのは、「公定的な著書」の出版に反対した金森の真意がそれとは別のところにあると見ていたからである。金森のかたくなな対応は、一九三五年美濃部の天皇機関説が「国体の本義」に反する学説として議会で攻撃を受けたとき、法制局長官として答弁に立ち、学説の問題は学問の範囲において論ずべきであり、政治の舞台で論ずべきでないと語ったことから、質問議員から美濃部と同じ機関説論者と難じられ、乱臣賊子としてやり玉にあげられて長官を辞するに至った自らの体験と反省をもとにしたものであろう(詳しくは、宮沢俊義『天皇機関説事件(下)』〔有斐閣、一九七〇年〕五九七頁以下参照。なお、『義解』が「政府の公定評釈」として機関説攻撃に利用されていることにつき、蓑田胸喜「一木枢相・牧野内府の僭冒思想を糾弾す」『蓑田胸喜全集』第五巻〔柏書房、二〇〇四年〕六〇三頁以下参照)。

四六年の憲法制定当時、法制局長官であった入江俊郎もまた、金森と同様、「政府として、学問的理屈を非常に細かく註解するようなものは作るべきでない、むしろこれは将来どう解釈するか、学者なり、国民なりがきめ〔る〕」(『経緯』四五〇頁[入江])べきものだとの考えから、有権解釈書の出版に反対の態度を表明している。

そこで、憲法普及会の立ち上げ(1参照)と関連した内閣(法制局)の事業として「啓蒙的な何か出したら」(『経緯』四四九頁[佐藤(功)])ということになり、『解説』の第一次原稿が渡辺佳英と佐藤(功)の両参事官によって作成される。渡辺と佐藤(功)は、佐藤達夫(以下「佐藤(達)」と略記)法制次長とともに、上記・逐条説明等を作成し、議会での金森答弁を終始うしろの席から支えた「新憲法三人男」(渡辺佳英「法制局回想」内閣法制局百年史編集委員会編『証言　近代法制の軌跡』[ぎょうせい、一九八五年]一〇三頁)のいわば両翼であった。この両翼の脱稿した第一次原稿(内閣用箋にタイプ印刷。表紙なし)について、中堅の佐藤(達)と監督の入江が眼を通し、それを受けて、さらに第二次原稿(タイプ印刷。表紙「改正憲法の解説法制局」)が作成される。

佐藤(功)によれば、ここで、山浦が「関係して来た」。林官長と「昔から仲がよかつた」ので、それで彼が関与することになったのだろうということである。すなわち、彼は「それ〔第二次原稿〕を持つて温泉で書きたいということで、どこかの温泉へ持つて行つてちよつと直した」(『経緯』四四九—四五一頁[佐藤(功)])という。そして、それに入江と佐藤(達)が更に手を加え、訂正を施したうえで(上記・第二次原稿の入江添書)、印刷に付し、表紙に法制局閲・内閣発行と明記、これも店主が林と「仲がよかつた」(『経緯』四五一頁〔入江〕)高山書院から刊行されたというのである。

『解説』は、吉田茂首相や金森の「序」に山浦「筆」と記されているためか、書誌には「山浦貫一著、内閣出版」(国立国会図書館・早稲田大学図書館等。なお、東京大学・京都大学等の書誌は、奥付で林が「著作者代表」とされているためか、林譲治著)と記載されている。しかし、その舞台裏は、上述のように憲法三人男と入江長官のもとで起草、修正がなされ、――その間、山浦の筆が入ったものの――法制局の責任で完成稿に至ったものである。そのためであろう、四六年一二月一一日付『読売新聞』に掲載された高山書院の『解説』の広告には「本書は新憲法起草者たる法制局の手になり、特に天皇、国体等の解釈につき各方面の厳密な校閲を経て妥当中正な見解を示し」たものだと紹介されている。そして、同年中に憲法普及会がこれを「良書と認め、買上頒布」したことは、『報告書』の「良書の買上頒布」リスト筆頭に「△内閣発行『新憲法の解説』」(三五頁)として掲げられていることからも明らかである。

上述のような経緯からして、『解説』は、要綱案(1参照)に示された「新憲法の根底をなす正しい精神、民主主義に基く新しい国家制度の内容等」について、枢密院審査や憲法制定議会での答弁をもとに、内閣(法制局)が自ら新憲法の理念とその骨格を手際よく小冊子にまとめ、早々に公刊することで、始動したばかりの憲法普及会やその他の講演会・学習会での活用に供することができたのである（『経緯』四五〇頁［佐藤（功）］）。このように『解説』は、『生活』や『はなし』のように多くの読者を得たわけではないが、しかし、憲法制定時における内閣の憲法観が如実に示されている点で貴重なものと言える。

憲法改正が政治課題として浮かび上がってきた現在、制定当時の内閣が「新憲法の精神」をどう捉え、その実現に努力すべきだと考えていたかを知っておくことは、国民投票権を保持する私たち国民各人が改憲問題とどのように向き合うかを決めるうえで、一つの重要な判断材料となりうるはずである。そして、そのことは、文部省『はなし』はもとより、官肝いりの憲法普及会編『生活』についても同様である。いま本書を世に問うゆえんである。

なお、本解説に使用した憲法普及会関係資料の閲覧については、国立国会図書館調査及び立法考査局政治議会調査室主幹・山田邦夫氏の協力を得た。また、本書は、岩波書店編集部・佐藤司氏の助言と援助がなければ上梓できなかった。両氏に謝意を表しておきたい。

大日本帝国憲法

一八八九年二月一一日発布
一九四七年五月　二日廃止

上諭

朕祖《ちんそ》宗《そう》ノ遺烈ヲ承《う》ケ万世一系《ばんせいいっけい》ノ帝位ヲ践《ふ》ミ朕カ親愛スル所ノ臣民ハ即チ朕カ祖宗ノ恵撫慈《けいぶじ》養《よう》シタマヒシ所ノ臣民ナルヲ念《おも》ヒ其ノ康福ヲ増進シ其ノ懿徳良能《いとくりょうのう》ヲ発達セシメムコトヲ願ヒ又其ノ翼賛ニ依《よ》リ与《とも》ニ倶《とも》ニ国家ノ進運ヲ扶持《ふじ》セムコトヲ望ミ乃《すなわ》チ明治十四年十月十二日ノ詔命《しょうめい》ヲ履践《りせん》シ茲《ここ》ニ大憲ヲ制定シ朕カ率由《そつゆう》スル所ヲ示シ朕カ後嗣《こうし》及《および》臣民及《および》臣民ノ子孫タル者ヲシテ永遠ニ循行《じゅんこう》スル所ヲ知ラシム

国家統治ノ大権ハ朕カ之《これ》ヲ祖宗ニ承ケテ之ヲ子孫ニ伝フル所ナリ朕及朕カ子孫ハ将来此ノ憲法ノ条章ニ循《したが》ヒ之ヲ行フコトヲ愆《あやま》ラサルヘシ

朕ハ我カ臣民ノ権利及財産ノ安全ヲ貴重シ及之ヲ保護シ此ノ憲法及法律ノ範囲内ニ於テ其ノ享有《きょうゆう》ヲ完全ナラシムヘキコトヲ宣言ス

帝国議会ハ明治二十三年ヲ以テ之ヲ召集シ議会開会ノ時ヲ以テ此ノ憲法ヲシテ有効ナラシムルノ期トスヘシ
将来若《も》此《し》ノ憲法ノ或ル条章ヲ改定スルノ必要ナル時宜《じぎ》ヲ見ルニ至ラハ朕及朕カ継統ノ子孫ハ発議ノ権ヲ執《と》リ之ヲ議会ニ付シ議会ハ此ノ憲法ニ定メタル要件ニ依リ之ヲ議決スルノ外《ほか》朕カ子孫及臣民ハ敢テ之カ紛更《ふんこう》ヲ試ミルコトヲ得サルヘシ
朕カ在廷ノ大臣ハ朕カ為ニ此ノ憲法ヲ施行スルノ責ニ任スヘク朕カ現在及将来ノ臣民ハ此ノ憲法ニ対シ永遠ニ従順ノ義務ヲ負フヘシ
御名御璽《ぎょめいぎょじ》

第一章　天　皇

第一条　大日本帝国ハ万世一系ノ天皇之ヲ統治ス
第二条　皇位ハ皇室典範ノ定ムル所ニ依リ皇男子孫《こうだんしそん》之ヲ継承ス
第三条　天皇ハ神聖ニシテ侵スヘカラス
第四条　天皇ハ国ノ元首ニシテ統治権ヲ総攬シ此ノ憲法ノ条規ニ依リ之ヲ行フ
第五条　天皇ハ帝国議会ノ協賛ヲ以テ立法権ヲ行フ

第六条　天皇ハ法律ヲ裁可シ其ノ公布及《およ》《び》執行ヲ命ス

第七条　天皇ハ帝国議会ヲ召集シ其ノ開会閉会停会及衆議院ノ解散ヲ命ス

第八条　天皇ハ公共ノ安全ヲ保持シ又ハ其ノ災厄ヲ避クル為緊急ノ必要ニ由《よ》リ帝国議会閉会ノ場合ニ於テ法律ニ代ルヘキ勅令ヲ発ス

二　此ノ勅令ハ次ノ会期ニ於テ帝国議会ニ提出スヘシ若《も》《し》議会ニ於テ承諾セサルトキハ政府ハ将来ニ向テ其ノ効力ヲ失フコトヲ公布スヘシ

第九条　天皇ハ法律ヲ執行スル為ニ又ハ公共ノ安寧秩序ヲ保持シ及臣民ノ幸福ヲ増進スル為ニ必要ナル命令ヲ発シ又ハ発セシム但シ命令ヲ以テ法律ヲ変更スルコトヲ得ス

第十条　天皇ハ行政各部ノ官制及文武官ノ俸給ヲ定メ及文武官ヲ任免ス但シ此ノ憲法又ハ他ノ法律ニ特例ヲ掲ケタルモノハ各々其ノ条項ニ依ル

第十一条　天皇ハ陸海軍ヲ統帥《とうすい》ス

第十二条　天皇ハ陸海軍ノ編制及常備兵額ヲ定ム

第十三条　天皇ハ戦ヲ宣シ和ヲ講シ及諸般ノ条約ヲ締結ス

第十四条　天皇ハ戒厳ヲ宣告ス

二　戒厳ノ要件及効力ハ法律ヲ以テ之ヲ定ム

第十五条　天皇ハ爵位勲章及其ノ他ノ栄典ヲ授与ス

第十六条　天皇ハ大赦特赦減刑及復権ヲ命ス
第十七条　摂政ヲ置クハ皇室典範ノ定ムル所ニ依ル
二　摂政ハ天皇ノ名ニ於テ大権ヲ行フ

第二章　臣民権利義務

第十八条　日本臣民タル要件ハ法律ノ定ムル所ニ依ル
第十九条　日本臣民ハ法律命令ノ定ムル所ノ資格ニ応シ均《ひとし》ク文武官ニ任セラレ及其ノ他ノ公務ニ就クコトヲ得
第二十条　日本臣民ハ法律ノ定ムル所ニ従ヒ兵役ノ義務ヲ有ス
第二十一条　日本臣民ハ法律ノ定ムル所ニ従ヒ納税ノ義務ヲ有ス
第二十二条　日本臣民ハ法律ノ範囲内ニ於テ居住及移転ノ自由ヲ有ス
第二十三条　日本臣民ハ法律ニ依ルニ非スシテ逮捕監禁審問処罰ヲ受クルコトナシ
第二十四条　日本臣民ハ法律ニ定メタル裁判官ノ裁判ヲ受クルノ権ヲ奪ハルヽコトナシ
第二十五条　日本臣民ハ法律ニ定メタル場合ヲ除ク外《ほか》其ノ許諾ナクシテ住所ニ侵入セラレ及捜索セラルヽコトナシ

第二十六条　日本臣民ハ法律ニ定メタル場合ヲ除ク外《ほか》信書ノ秘密ヲ侵サルヽコトナシ

第二十七条　日本臣民ハ其ノ所有権ヲ侵サルヽコトナシ

二　公益ノ為必要ナル処分ハ法律ノ定ムル所ニ依ル

第二十八条　日本臣民ハ安寧秩序ヲ妨ケス及臣民タルノ義務ニ背カサル限《かぎり》ニ於テ信教ノ自由ヲ有ス

第二十九条　日本臣民ハ法律ノ範囲内ニ於テ言論著作印行《いんこう》集会及結社ノ自由ヲ有ス

第三十条　日本臣民ハ相当ノ敬礼ヲ守リ別ニ定ムル所ノ規程ニ従ヒ請願ヲ為スコトヲ得

第三十一条　本章ニ掲ケタル条規ハ戦時又ハ国家事変ノ場合ニ於テ天皇大権ノ施行ヲ妨クルコトナシ

第三十二条　本章ニ掲ケタル条規ハ陸海軍ノ法令又ハ紀律ニ牴触セサルモノニ限リ軍人ニ準行ス

第三章　帝国議会

第三十三条　帝国議会ハ貴族院衆議院ノ両院ヲ以テ成立ス

第三十四条　貴族院ハ貴族院令ノ定ムル所ニ依リ皇族華族及勅任セラレタル議員ヲ以テ組

織ス

第三十五条　衆議院ハ選挙法ノ定ムル所ニ依リ公選セラレタル議員ヲ以テ組織ス

第三十六条　何人モ同時ニ両議院ノ議員タルコトヲ得ス

第三十七条　凡《すべ》テ法律ハ帝国議会ノ協賛ヲ経ルヲ要ス

第三十八条　両議院ハ政府ノ提出スル法律案ヲ議決シ及各々法律案ヲ提出スルコトヲ得

第三十九条　両議院ノ一ニ於テ否決シタル法律案ハ同会期中ニ於テ再ヒ提出スルコトヲ得ス

第四十条　両議院ハ法律又ハ其ノ他ノ事件ニ付キ各々其ノ意見ヲ政府ニ建議スルコトヲ得

但シ其ノ採納ヲ得サルモノハ同会期中ニ於テ再ヒ建議スルコトヲ得ス

第四十一条　帝国議会ハ毎年之ヲ召集ス

第四十二条　帝国議会ハ三箇月ヲ以テ会期トス必要アル場合ニ於テハ勅命ヲ以テ之ヲ延長スルコトアルヘシ

第四十三条　臨時緊急ノ必要アル場合ニ於テ常会ノ外《ほか》臨時会ヲ召集スヘシ

二　臨時会ノ会期ヲ定ムルハ勅命ニ依ル

第四十四条　帝国議会ノ開会閉会会期ノ延長及停会ハ両院同時ニ之ヲ行フヘシ

二　衆議院解散ヲ命セラレタルトキハ貴族院ハ同時ニ停会セラルヘシ

第四十五条　衆議院解散ヲ命セラレタルトキハ勅令ヲ以テ新ニ議員ヲ選挙セシメ解散ノ日

ヨリ五箇月以内ニ之ヲ召集スヘシ

第四十六条　両議院ハ各々其ノ総議員三分ノ一以上出席スルニ非サレハ議事ヲ開キ議決ヲ為スコトヲ得ス

第四十七条　両議院ノ議事ハ過半数ヲ以テ決ス可否同数ナルトキハ議長ノ決スル所ニ依ル

第四十八条　両議院ノ会議ハ公開ス但シ政府ノ要求又ハ其ノ院ノ決議ニ依リ秘密会ト為スコトヲ得

第四十九条　両議院ハ各々天皇ニ上奏スルコトヲ得

第五十条　両議院ハ臣民ヨリ呈出スル請願書ヲ受クルコトヲ得

第五十一条　両議院ハ此ノ憲法及議院法ニ掲クルモノヽ外《ほか》内部ノ整理ニ必要ナル諸規則ヲ定ムルコトヲ得

第五十二条　両議院ノ議員ハ議院ニ於テ発言シタル意見及表決ニ付《つき》院外ニ於テ責ヲ負フコトナシ但シ議員自ラ其ノ言論ヲ演説刊行筆記又ハ其ノ他ノ方法ヲ以テ公布シタルトキハ一般ノ法律ニ依リ処分セラルヘシ

第五十三条　両議院ノ議員ハ現行犯罪又ハ内乱外患ニ関ル罪ヲ除ク外《ほか》会期中其ノ院ノ許諾ナクシテ逮捕セラルヽコトナシ

第五十四条　国務大臣及政府委員ハ何時タリトモ各議院ニ出席シ及発言スルコトヲ得

第四章　国務大臣及枢密顧問

第五十五条　国務各大臣ハ天皇ヲ輔弼《ほひつ》シ其ノ責ニ任ス

二　凡テ法律勅令其ノ他国務ニ関ル詔勅ハ国務大臣ノ副署ヲ要ス

第五十六条　枢密顧問ハ枢密院官制ノ定ムル所ニ依リ天皇ノ諮詢ニ応ヘ重要ノ国務ヲ審議ス

第五章　司　法

第五十七条　司法権ハ天皇ノ名ニ於テ法律ニ依リ裁判所之ヲ行フ

二　裁判所ノ構成ハ法律ヲ以テ之ヲ定ム

第五十八条　裁判官ハ法律ニ定メタル資格ヲ具フル者ヲ以テ之ニ任ス

二　裁判官ハ刑法ノ宣告又ハ懲戒ノ処分ニ由ルノ外《ほか》其ノ職ヲ免セラルヽコトナシ

三　懲戒ノ条規ハ法律ヲ以テ之ヲ定ム

第五十九条　裁判ノ対審判決ハ之ヲ公開ス但シ安寧秩序又ハ風俗ヲ害スルノ虞《おそれ》アルトキハ

法律ニ依リ又ハ裁判所ノ決議ヲ以テ対審ノ公開ヲ停ムルコトヲ得

第六十条　特別裁判所ノ管轄ニ属スヘキモノハ別ニ法律ヲ以テ之ヲ定ム

第六十一条　行政官庁ノ違法処分ニ由リ権利ヲ傷害セラレタリトスルノ訴訟ニシテ別ニ法律ヲ以テ定メタル行政裁判所ノ裁判ニ属スヘキモノハ司法裁判所ニ於テ受理スルノ限ニ在ラス

第六章　会　計

第六十二条　新ニ租税ヲ課シ及税率ヲ変更スルハ法律ヲ以テ之ヲ定ムヘシ

二　但シ報償ニ属スル行政上ノ手数料及其ノ他ノ収納金ハ前項ノ限ニ在ラス

三　国債ヲ起シ及予算ニ定メタルモノヲ除ク外《ほか》国庫ノ負担トナルヘキ契約ヲ為スハ帝国議会ノ協賛ヲ経ヘシ

第六十三条　現行ノ租税ハ更ニ法律ヲ以テ之ヲ改メサル限ハ旧ニ依リ之ヲ徴収ス

第六十四条　国家ノ歳出歳入ハ毎年予算ヲ以テ帝国議会ノ協賛ヲ経ヘシ

二　予算ノ款項ニ超過シ又ハ予算ノ外ニ生シタル支出アルトキハ後日帝国議会ノ承諾ヲ求ムルヲ要ス

第六十五条　予算ハ前ニ衆議院ニ提出スヘシ

第六十六条　皇室経費ハ現在ノ定額ニ依リ毎年国庫ヨリ之ヲ支出シ将来増額ヲ要スル場合ヲ除ク外《ほか》帝国議会ノ協賛ヲ要セス

第六十七条　憲法上ノ大権ニ基ツケル既定ノ歳出及法律ノ結果ニ由リ又ハ法律上政府ノ義務ニ属スル歳出ハ政府ノ同意ナクシテ帝国議会之ヲ廃除シ又ハ削減スルコトヲ得ス

第六十八条　特別ノ須要ニ因リ政府ハ予メ年限ヲ定メ継続費トシテ帝国議会ノ協賛ヲ求ムルコトヲ得

第六十九条　避クヘカラサル予算ノ不足ヲ補フ為ニ又ハ予算ノ外ニ生シタル必要ノ費用ニ充ツル為ニ予備費ヲ設クヘシ

第七十条　公共ノ安全ヲ保持スル為緊急ノ需要アル場合ニ於テ内外ノ情形ニ因リ政府ハ帝国議会ヲ召集スルコト能ハサルトキハ勅令ニ依リ財政上必要ノ処分ヲ為スコトヲ得

二　前項ノ場合ニ於テハ次ノ会期ニ於テ帝国議会ニ提出シ其ノ承諾ヲ求ムルヲ要ス

第七十一条　帝国議会ニ於テ予算ヲ議定セス又ハ予算成立ニ至ラサルトキハ政府ハ前年度ノ予算ヲ施行スヘシ

第七十二条　国家ノ歳出歳入ノ決算ハ会計検査院之ヲ検査確定シ政府ハ其ノ検査報告ト倶ニ之ヲ帝国議会ニ提出スヘシ

二　会計検査院ノ組織及職権ハ法律ヲ以テ之ヲ定ム

第七章　補　則

第七十三条　将来此ノ憲法ノ条項ヲ改正スルノ必要アルトキハ勅命ヲ以テ議案ヲ帝国議会ノ議ニ付スヘシ

二　此ノ場合ニ於テ両議院ハ各々其ノ総員三分ノ二以上出席スルニ非サレハ議事ヲ開クコトヲ得ス出席議員三分ノ二以上ノ多数ヲ得ルニ非サレハ改正ノ議決ヲ為スコトヲ得ス

第七十四条　皇室典範ノ改正ハ帝国議会ノ議ヲ経ルヲ要セス

二　皇室典範ヲ以テ此ノ憲法ノ条規ヲ変更スルコトヲ得ス

第七十五条　憲法及皇室典範ハ摂政ヲ置クノ間之ヲ変更スルコトヲ得ス

第七十六条　法律規則命令又ハ何等ノ名称ヲ用キタルニ拘《かかわ》ラス此ノ憲法ニ矛盾セサル現行ノ法令ハ総テ遵由ノ効力ヲ有ス

二　歳出上政府ノ義務ニ係ル現在ノ契約又ハ命令ハ総テ第六十七条ノ例ニ依ル

（ルビは編集部が付した）

本書は岩波現代文庫のために新たに編集されたものである。

本文中の旧かな、旧字は新かな、新字に改め、明らかな誤植を直すなど、読みやすくした。今日の観点からは不適切な表現もあるが、資料としての性格を考慮してそのままとした。

S265
日本の農山村をどう再生するか
保母武彦

過疎地域が蘇えるために有効なプログラムが求められている。本書は北海道下川町、島根県海士町など全国の先進的な最新事例を紹介し、具体的な知恵を伝授する。

S266
古武術に学ぶ身体操法
甲野善紀

桑田投手が復活した要因とは何か。「ためない、ひねらない、うねらない」、著者が提唱する身体操法は、誰もが驚く効果を発揮して各界の注目を集める。〈解説〉森田真生

S267
都立朝鮮人学校の日本人教師
―一九五〇―一九五五―
梶井陟

朝鮮人の子どもたちにも日本人の子どもたちと同じように学ぶ権利がある！　冷戦下、廃校への圧力に抗して闘った貴重な記録。〈解説〉田中宏

S268
医学するこころ
―オスラー博士の生涯―
日野原重明

近代アメリカ医学の開拓者であり、患者の心を大切にした医師、ウィリアム・オスラー。その医の精神と人生観を範とした若き医学徒だった筆者の手になる伝記が復活。

S269
喪の途上にて
―大事故遺族の悲哀の研究―
野田正彰

かけがえのない人の突然の死を、遺された人はどう受け容れるのか。日航ジャンボ機墜落事故などの遺族の喪の過程をたどり、悲しみの意味を問う。

S260
世阿弥の言葉
―心の糧、創造の糧―
土屋恵一郎

世阿弥の花伝書は人気を競う能の戦略書である。能役者が年齢とともに試練を乗り超えるためのその言葉は、現代人の心に響く。

S261
戦争とたたかう
―憲法学者・久田栄正のルソン戦体験―
水島朝穂

軍隊での人間性否定に抵抗し、凄惨な戦場でも戦争に抗い続けられたのはなぜか。稀有な従軍体験を経て、平和憲法に辿りつく感動の軌跡。いま戦場を再現・再考する。

S262
過労死は何を告発しているか
―現代日本の企業と労働―
森岡孝二

なぜ日本人は死ぬまで働くのか。株式会社論、労働時間論の視角から、働きすぎのメカニズムを検証し、過労死を減らす方策を展望する。

S263
ゾルゲ事件とは何か
チャルマーズ・ジョンソン
篠﨑務訳

尾崎秀実とリヒアルト・ゾルゲはいかに出会い、なぜ死刑となったか。本書は二人の人間像を解明し、事件の全体像に迫った名著増補版の初訳。〈解説〉加藤哲郎

S264
あたらしい憲法のはなし 他二篇
―付 英文対訳日本国憲法―
高見勝利編

日本国憲法が公布、施行された年に作られた「あたらしい憲法のはなし」「新しい憲法 明るい生活」「新憲法の解説」の三篇を収録。

2022. 2

岩波現代文庫創刊二〇年に際して

二一世紀が始まってからすでに二〇年が経とうとしています。この間のグローバル化の急激な進行は世界のあり方を大きく変えました。世界規模で経済や情報の結びつきが強まるとともに、国境を越えた人の移動は日常の光景となり、今やどこに住んでいても、私たちの暮らしは世界中の様々な出来事と無関係ではいられません。しかし、グローバル化の中で否応なくもたらされる「他者」との出会いや交流は、新たな文化や価値観だけではなく、摩擦や衝突、そしてしばしば憎悪までをも生み出しています。グローバル化にともなう副作用は、その恩恵を遥かにこえていると言わざるを得ません。

今私たちに求められているのは、国内、国外にかかわらず、異なる歴史や経験、文化を持つ「他者」と向き合い、よりよい関係を結び直してゆくための想像力、構想力ではないでしょうか。

新世紀の到来を目前にした二〇〇〇年一月に創刊された岩波現代文庫は、この二〇年を通して、哲学や歴史、経済、自然科学から、小説やエッセイ、ルポルタージュにいたるまで幅広いジャンルの書目を刊行してきました。一〇〇〇点を超える書目には、人類が直面してきた様々な課題と、試行錯誤の営みが刻まれています。読書を通した過去の「他者」との出会いから得られる知識や経験は、私たちがよりよい社会を作り上げてゆくために大きな示唆を与えてくれるはずです。

一冊の本が世界を変える大きな力を持つことを信じ、岩波現代文庫はこれからもさらなるラインナップの充実をめざしてゆきます。

（二〇二〇年一月）

あたらしい憲法のはなし 他二篇
—付 英文対訳日本国憲法

2013年9月18日 第1刷発行
2022年2月15日 第11刷発行

編 者 高見勝利《たかみかつとし》

発行者 坂本政謙

発行所 株式会社 岩波書店
〒101-8002 東京都千代田区一ツ橋 2-5-5
案内 03-5210-4000 営業部 03-5210-4111
https://www.iwanami.co.jp/

印刷・精興社 製本・中永製本

ISBN 978-4-00-603264-7 Printed in Japan

英文対訳　日本国憲法

日本国憲法

(昭和二十一年十一月三日憲法)

日本国民は，正当に選挙された国会における代表者を通じて行動し，われらとわれらの子孫のために，諸国民との協和による成果と，わが国全土にわたつて自由のもたらす恵沢を確保し，政府の行為によつて再び戦争の惨禍が起ることのないやうにすることを決意し，ここに主権が国民に存することを宣言し，この憲法を確定する．そもそも国政は，国民の厳粛な信託によるものであつて，その権威は国民に由来し，その権力は国民の代表者がこれを行使し，その福利は国民がこれを享受する．これは人類普遍の原理であり，この憲法は，かかる原理に基くものである．われらは，これに反する一切の憲法，法令及び詔勅を排除する．

日本国民は，恒久の平和を念願し，人間相互の関係を支配する崇高な理想を深く自覚するのであつて，平和を愛する諸国民の公正と信義に信頼して，われらの安全と生存を保持しようと決意した．われらは，平和を維持し，専制と隷従，圧迫と偏狭を地上から永遠に除去しようと努めてゐる国際社会において，名誉ある地位を占めたいと思ふ．われらは，全世界の国民が，ひとしく恐怖と欠乏から免かれ，平和のうちに生存する権利を有することを確認する．

われらは，いづれの国家も，自国のことのみに専念して他国を無視してはならないのであつて，政治道徳の法則は，普遍的なものであり，この法則に従ふことは，自国の主権

The Constitution of Japan

Constitution November 3, 1946

We, the Japanese people, acting through our duly elected representatives in the National Diet, determined that we shall secure for ourselves and our posterity the fruits of peaceful cooperation with all nations and the blessings of liberty throughout this land, and resolved that never again shall we be visited with the horrors of war through the action of government, do proclaim that sovereign power resides with the people and do firmly establish this Constitution. Government is a sacred trust of the people, the authority for which is derived from the people, the powers of which are exercised by the representatives of the people, and the benefits of which are enjoyed by the people. This is a universal principle of mankind upon which this Constitution is founded. We reject and revoke all constitutions, laws, ordinances, and rescripts in conflict herewith.

We, the Japanese people, desire peace for all time and are deeply conscious of the high ideals controlling human relationship, and we have determined to preserve our security and existence, trusting in the justice and faith of the peace-loving peoples of the world. We desire to occupy an honored place in an international society striving for the preservation of peace, and the banishment of tyranny and slavery, oppression and intolerance for all time from the earth. We recognize that all peoples of the world have the right to live in peace, free from fear and want.

を維持し，他国と対等関係に立たうとする各国の責務であると信ずる．

日本国民は，国家の名誉にかけ，全力をあげてこの崇高な理想と目的を達成することを誓ふ．

第一章　天　皇

第一条　天皇は，日本国の象徴であり日本国民統合の象徴であつて，この地位は，主権の存する日本国民の総意に基く．

第二条　皇位は，世襲のものであつて，国会の議決した皇室典範の定めるところにより，これを継承する．

第三条　天皇の国事に関するすべての行為には，内閣の助言と承認を必要とし，内閣が，その責任を負ふ．

第四条　天皇は，この憲法の定める国事に関する行為のみを行ひ，国政に関する権能を有しない．

②　天皇は，法律の定めるところにより，その国事に関する行為を委任することができる．

第五条　皇室典範の定めるところにより摂政を置くときは，摂政は，天皇の名でその国事に関する行為を行ふ．この場合には，前条第一項の規定を準用する．

第六条　天皇は，国会の指名に基いて，内閣総理大臣を任命する．

②　天皇は，内閣の指名に基いて，最高裁判所の長たる裁判官を任命する．

We believe that no nation is responsible to itself alone, but that laws of political morality are universal; and that obedience to such laws is incumbent upon all nations who would sustain their own sovereignty and justify their sovereign relationship with other nations.

We, the Japanese people, pledge our national honor to accomplish these high ideals and purposes with all our resources.

CHAPTER I. THE EMPEROR

Article 1. The Emperor shall be the symbol of the State and of the unity of the people, deriving his position from the will of the people with whom resides sovereign power.

Article 2. The Imperial Throne shall be dynastic and succeeded to in accordance with the Imperial House Law passed by the Diet.

Article 3. The advice and approval of the Cabinet shall be required for all acts of the Emperor in matters of state, and the Cabinet shall be responsible therefor.

Article 4. The Emperor shall perform only such acts in matters of state as are provided for in this Constitution and he shall not have powers related to government.

The Emperor may delegate the performance of his acts in matters of state as may be provided by law.

Article 5. When, in accordance with the Imperial House Law, a Regency is established, the Regent shall perform his acts in matters of state in the Emperor's name. In this case, paragraph one of the preceding article will be applicable.

Article 6. The Emperor shall appoint the Prime Minister as designated by the Diet.

第七条　天皇は，内閣の助言と承認により，国民のために，左の国事に関する行為を行ふ．
一　憲法改正，法律，政令及び条約を公布すること．
二　国会を召集すること．
三　衆議院を解散すること．
四　国会議員の総選挙の施行を公示すること．
五　国務大臣及び法律の定めるその他の官吏の任免並びに全権委任状及び大使及び公使の信任状を認証すること．
六　大赦，特赦，減刑，刑の執行の免除及び復権を認証すること．
七　栄典を授与すること．
八　批准書及び法律の定めるその他の外交文書を認証すること．
九　外国の大使及び公使を接受すること．
十　儀式を行ふこと．

第八条　皇室に財産を譲り渡し，又は皇室が，財産を譲り受け，若しくは賜与することは，国会の議決に基かなければならない．

第二章　戦争の放棄

第九条　日本国民は，正義と秩序を基調とする国際平和を誠実に希求し，国権の発動たる戦争と，武力による威嚇又は武力の行使は，国際紛争を解決する手段としては，永久にこれを放棄する．

②　前項の目的を達するため，陸海空軍その他の戦力は，

The Emperor shall appoint the Chief Judge of the Supreme Court as designated by the Cabinet.

Article 7. The Emperor, with the advice and approval of the Cabinet, shall perform the following acts in matters of state on behalf of the people:

Promulgation of amendments of the constitution, laws, cabinet orders and treaties.

Convocation of the Diet.

Dissolution of the House of Representatives.

Proclamation of general election of members of the Diet.

Attestation of the appointment and dismissal of Ministers of State and other officials as provided for by law, and of full powers and credentials of Ambassadors and Ministers.

Attestation of general and special amnesty, commutation of punishment, reprieve, and restoration of rights.

Awarding of honors.

Attestation of instruments of ratification and other diplomatic documents as provided for by law.

Receiving foreign ambassadors and ministers.

Performance of ceremonial functions.

Article 8. No property can be given to, or received by, the Imperial House, nor can any gifts be made therefrom, without the authorization of the Diet.

CHAPTER II. RENUNCIATION OF WAR

Article 9. Aspiring sincerely to an international peace based on justice and order, the Japanese people forever renounce war as a sovereign right of the nation and the threat or use of force as means of settling interna-

これを保持しない．国の交戦権は，これを認めない．

第三章　国民の権利及び義務

第十条　日本国民たる要件は，法律でこれを定める．

第十一条　国民は，すべての基本的人権の享有を妨げられない．この憲法が国民に保障する基本的人権は，侵すことのできない永久の権利として，現在及び将来の国民に与へられる．

第十二条　この憲法が国民に保障する自由及び権利は，国民の不断の努力によつて，これを保持しなければならない．又，国民は，これを濫用してはならないのであつて，常に公共の福祉のためにこれを利用する責任を負ふ．

第十三条　すべて国民は，個人として尊重される．生命，自由及び幸福追求に対する国民の権利については，公共の福祉に反しない限り，立法その他の国政の上で，最大の尊重を必要とする．

第十四条　すべて国民は，法の下に平等であつて，人種，信条，性別，社会的身分又は門地により，政治的，経済的又は社会的関係において，差別されない．

②　華族その他の貴族の制度は，これを認めない．

③　栄誉，勲章その他の栄典の授与は，いかなる特権も伴はない．栄典の授与は，現にこれを有し，又は将来これを受ける者の一代に限り，その効力を有する．

tional disputes.

In order to accomplish the aim of the preceding paragraph, land, sea, and air forces, as well as other war potential, will never be maintained. The right of belligerency of the state will not be recognized.

CHAPTER III. RIGHTS AND DUTIES OF THE PEOPLE

Article 10. The conditions necessary for being a Japanese national shall be determined by law.

Article 11. The people shall not be prevented from enjoying any of the fundamental human rights. These fundamental human rights guaranteed to the people by this Constitution shall be conferred upon the people of this and future generations as eternal and inviolate rights.

Article 12. The freedoms and rights guaranteed to the people by this Constitution shall be maintained by the constant endeavor of the people, who shall refrain from any abuse of these freedoms and rights and shall always be responsible for utilizing them for the public welfare.

Article 13. All of the people shall be respected as individuals. Their right to life, liberty, and the pursuit of happiness shall, to the extent that it does not interfere with the public welfare, be the supreme consideration in legislation and in other governmental affairs.

Article 14. All of the people are equal under the law and there shall be no discrimination in political, economic or social relations because of race, creed, sex, social status or family origin.

Peers and peerage shall not be recognized.

第十五条　公務員を選定し，及びこれを罷免することは，国民固有の権利である．

② すべて公務員は，全体の奉仕者であつて，一部の奉仕者ではない．

③ 公務員の選挙については，成年者による普通選挙を保障する．

④ すべて選挙における投票の秘密は，これを侵してはならない．選挙人は，その選択に関し公的にも私的にも責任を問はれない．

第十六条　何人も，損害の救済，公務員の罷免，法律，命令又は規則の制定，廃止又は改正その他の事項に関し，平穏に請願する権利を有し，何人も，かかる請願をしたためにいかなる差別待遇も受けない．

第十七条　何人も，公務員の不法行為により，損害を受けたときは，法律の定めるところにより，国又は公共団体に，その賠償を求めることができる．

第十八条　何人も，いかなる奴隷的拘束も受けない．又，犯罪に因る処罰の場合を除いては，その意に反する苦役に服させられない．

第十九条　思想及び良心の自由は，これを侵してはならない．

第二十条　信教の自由は，何人に対してもこれを保障する．いかなる宗教団体も，国から特権を受け，又は政治上の権力を行使してはならない．

② 何人も，宗教上の行為，祝典，儀式又は行事に参加することを強制されない．

No privilege shall accompany any award of honor, decoration or any distinction, nor shall any such award be valid beyond the lifetime of the individual who now holds or hereafter may receive it.

Article 15. The people have the inalienable right to choose their public officials and to dismiss them.

All public officials are servants of the whole community and not of any group thereof.

Universal adult suffrage is guaranteed with regard to the election of public officials.

In all elections, secrecy of the ballot shall not be violated. A voter shall not be answerable, publicly or privately, for the choice he has made.

Article 16. Every person shall have the right of peaceful petition for the redress of damage, for the removal of public officials, for the enactment, repeal or amendment of laws, ordinances or regulations and for other matters; nor shall any person be in any way discriminated against for sponsoring such a petition.

Article 17. Every person may sue for redress as provided by law from the State or a public entity, in case he has suffered damage through illegal act of any public official.

Article 18. No person shall be held in bondage of any kind. Involuntary servitude, except as punishment for crime, is prohibited.

Article 19. Freedom of thought and conscience shall not be violated.

Article 20. Freedom of religion is guaranteed to all. No religious organization shall receive any privileges from the State, nor exercise any political authority.

No person shall be compelled to take part in any religious

③　国及びその機関は，宗教教育その他いかなる宗教的活動もしてはならない．

第二十一条　集会，結社及び言論，出版その他一切の表現の自由は，これを保障する．

②　検閲は，これをしてはならない．通信の秘密は，これを侵してはならない．

第二十二条　何人も，公共の福祉に反しない限り，居住，移転及び職業選択の自由を有する．

②　何人も，外国に移住し，又は国籍を離脱する自由を侵されない．

第二十三条　学問の自由は，これを保障する．

第二十四条　婚姻は，両性の合意のみに基いて成立し，夫婦が同等の権利を有することを基本として，相互の協力により，維持されなければならない．

②　配偶者の選択，財産権，相続，住居の選定，離婚並びに婚姻及び家族に関するその他の事項に関しては，法律は，個人の尊厳と両性の本質的平等に立脚して，制定されなければならない．

第二十五条　すべて国民は，健康で文化的な最低限度の生活を営む権利を有する．

②　国は，すべての生活部面について，社会福祉，社会保障及び公衆衛生の向上及び増進に努めなければならない．

第二十六条　すべて国民は，法律の定めるところにより，その能力に応じて，ひとしく教育を受ける権利を有する．

②　すべて国民は，法律の定めるところにより，その保護する子女に普通教育を受けさせる義務を負ふ．義務教育

act, celebration, rite or practice.

The State and its organs shall refrain from religious education or any other religious activity.

Article 21. Freedom of assembly and association as well as speech, press and all other forms of expression are guaranteed.

No censorship shall be maintained, nor shall the secrecy of any means of communication be violated.

Article 22. Every person shall have freedom to choose and change his residence and to choose his occupation to the extent that it does not interfere with the public welfare.

Freedom of all persons to move to a foreign country and to divest themselves of their nationality shall be inviolate.

Article 23. Academic freedom is guaranteed.

Article 24. Marriage shall be based only on the mutual consent of both sexes and it shall be maintained through mutual cooperation with the equal rights of husband and wife as a basis.

With regard to choice of spouse, property rights, inheritance, choice of domicile, divorce and other matters pertaining to marriage and the family, laws shall be enacted from the standpoint of individual dignity and the essential equality of the sexes.

Article 25. All people shall have the right to maintain the minimum standards of wholesome and cultured living.

In all spheres of life, the State shall use its endeavors for the promotion and extension of social welfare and security, and of public health.

Article 26. All people shall have the right to receive an

は，これを無償とする．

第二十七条　すべて国民は，勤労の権利を有し，義務を負ふ．

② 賃金，就業時間，休息その他の勤労条件に関する基準は，法律でこれを定める．

③ 児童は，これを酷使してはならない．

第二十八条　勤労者の団結する権利及び団体交渉その他の団体行動をする権利は，これを保障する．

第二十九条　財産権は，これを侵してはならない．

② 財産権の内容は，公共の福祉に適合するやうに，法律でこれを定める．

③ 私有財産は，正当な補償の下に，これを公共のために用ひることができる．

第三十条　国民は，法律の定めるところにより，納税の義務を負ふ．

第三十一条　何人も，法律の定める手続によらなければ，その生命若しくは自由を奪はれ，又はその他の刑罰を科せられない．

第三十二条　何人も，裁判所において裁判を受ける権利を奪はれない．

第三十三条　何人も，現行犯として逮捕される場合を除いては，権限を有する司法官憲が発し，且つ理由となつてゐる犯罪を明示する令状によらなければ，逮捕されない．

第三十四条　何人も，理由を直ちに告げられ，且つ，直ちに弁護人に依頼する権利を与へられなければ，抑留又は拘禁されない．又，何人も，正当な理由がなければ，拘

equal education correspondent to their ability, as provided by law.

All people shall be obligated to have all boys and girls under their protection receive ordinary education as provided for by law. Such compulsory education shall be free.

Article 27. All people shall have the right and the obligation to work.

Standards for wages, hours, rest and other working conditions shall be fixed by law.

Children shall not be exploited.

Article 28. The right of workers to organize and to bargain and act collectively is guaranteed.

Article 29. The right to own or to hold property is inviolable.

Property rights shall be defined by law, in conformity with the public welfare.

Private property may be taken for public use upon just compensation therefor.

Article 30. The people shall be liable to taxation as provided by law.

Article 31. No person shall be deprived of life or liberty, nor shall any other criminal penalty be imposed, except according to procedure established by law.

Article 32. No person shall be denied the right of access to the courts.

Article 33. No person shall be apprehended except upon warrant issued by a competent judicial officer which specifies the offense with which the person is charged, unless he is apprehended, the offense being committed.

Article 34. No person shall be arrested or detained without being at once informed of the charges against

禁されず，要求があれば，その理由は，直ちに本人及びその弁護人の出席する公開の法廷で示されなければならない．

第三十五条　何人も，その住居，書類及び所持品について，侵入，捜索及び押収を受けることのない権利は，第三十三条の場合を除いては，正当な理由に基いて発せられ，且つ捜索する場所及び押収する物を明示する令状がなければ，侵されない．

② 捜索又は押収は，権限を有する司法官憲が発する各別の令状により，これを行ふ．

第三十六条　公務員による拷問及び残虐な刑罰は，絶対にこれを禁ずる．

第三十七条　すべて刑事事件においては，被告人は，公平な裁判所の迅速な公開裁判を受ける権利を有する．

② 刑事被告人は，すべての証人に対して審問する機会を充分に与へられ，又，公費で自己のために強制的手続により証人を求める権利を有する．

③ 刑事被告人は，いかなる場合にも，資格を有する弁護人を依頼することができる．被告人が自らこれを依頼することができないときは，国でこれを附する．

第三十八条　何人も，自己に不利益な供述を強要されない．

② 強制，拷問若しくは脅迫による自白又は不当に長く抑留若しくは拘禁された後の自白は，これを証拠とすることができない．

③ 何人も，自己に不利益な唯一の証拠が本人の自白である場合には，有罪とされ，又は刑罰を科せられない．

him or without the immediate privilege of counsel; nor shall he be detained without adequate cause; and upon demand of any person such cause must be immediately shown in open court in his presence and the presence of his counsel.

Article 35. The right of all persons to be secure in their homes, papers and effects against entries, searches and seizures shall not be impaired except upon warrant issued for adequate cause and particularly describing the place to be searched and things to be seized, or except as provided by Article 33.

Each search or seizure shall be made upon separate warrant issued by a competent judicial officer.

Article 36. The infliction of torture by any public officer and cruel punishments are absolutely forbidden.

Article 37. In all criminal cases the accused shall enjoy the right to a speedy and public trial by an impartial tribunal.

He shall be permitted full opportunity to examine all witnesses, and he shall have the right of compulsory process for obtaining witnesses on his behalf at public expense.

At all times the accused shall have the assistance of competent counsel who shall, if the accused is unable to secure the same by his own efforts, be assigned to his use by the State.

Article 38. No person shall be compelled to testify against himself.

Confession made under compulsion, torture or threat, or after prolonged arrest or detention shall not be admitted in evidence.

No person shall be convicted or punished in cases where

第三十九条　何人も，実行の時に適法であつた行為又は既に無罪とされた行為については，刑事上の責任を問はれない．又，同一の犯罪について，重ねて刑事上の責任を問はれない．

第四十条　何人も，抑留又は拘禁された後，無罪の裁判を受けたときは，法律の定めるところにより，国にその補償を求めることができる．

第四章　国　会

第四十一条　国会は，国権の最高機関であつて，国の唯一の立法機関である．

第四十二条　国会は，衆議院及び参議院の両議院でこれを構成する．

第四十三条　両議院は，全国民を代表する選挙された議員でこれを組織する．

② 両議院の議員の定数は，法律でこれを定める．

第四十四条　両議院の議員及びその選挙人の資格は，法律でこれを定める．但し，人種，信条，性別，社会的身分，門地，教育，財産又は収入によつて差別してはならない．

第四十五条　衆議院議員の任期は，四年とする．但し，衆議院解散の場合には，その期間満了前に終了する．

第四十六条　参議院議員の任期は，六年とし，三年ごとに議員の半数を改選する．

第四十七条　選挙区，投票の方法その他両議院の議員の選挙に関する事項は，法律でこれを定める．

第四十八条　何人も，同時に両議院の議員たることはでき

the only proof against him is his own confession.

Article 39. No person shall be held criminally liable for an act which was lawful at the time it was committed, or of which he has been acquitted, nor shall he be placed in double jeopardy.

Article 40. Any person, in case he is acquitted after he has been arrested or detained, may sue the State for redress as provided by law.

CHAPTER IV. THE DIET

Article 41. The Diet shall be the highest organ of state power, and shall be the sole law-making organ of the State.

Article 42. The Diet shall consist of two Houses, namely the House of Representatives and the House of Councillors.

Article 43. Both Houses shall consist of elected members, representative of all the people.

The number of the members of each House shall be fixed by law.

Article 44. The qualifications of members of both Houses and their electors shall be fixed by law. However, there shall be no discrimination because of race, creed, sex, social status, family origin, education, property or income.

Article 45. The term of office of members of the House of Representatives shall be four years. However, the term shall be terminated before the full term is up in case the House of Representatives is dissolved.

Article 46. The term of office of members of the House of Councillors shall be six years, and election for half the members shall take place every three years.

ない．

第四十九条　両議院の議員は，法律の定めるところにより，国庫から相当額の歳費を受ける．

第五十条　両議院の議員は，法律の定める場合を除いては，国会の会期中逮捕されず，会期前に逮捕された議員は，その議院の要求があれば，会期中これを釈放しなければならない．

第五十一条　両議院の議員は，議院で行つた演説，討論又は表決について，院外で責任を問はれない．

第五十二条　国会の常会は，毎年一回これを召集する．

第五十三条　内閣は，国会の臨時会の召集を決定することができる．いづれかの議院の総議員の四分の一以上の要求があれば，内閣は，その召集を決定しなければならない．

第五十四条　衆議院が解散されたときは，解散の日から四十日以内に，衆議院議員の総選挙を行ひ，その選挙の日から三十日以内に，国会を召集しなければならない．

② 衆議院が解散されたときは，参議院は，同時に閉会となる．但し，内閣は，国に緊急の必要があるときは，参議院の緊急集会を求めることができる．

③ 前項但書の緊急集会において採られた措置は，臨時のものであつて，次の国会開会の後十日以内に，衆議院の同意がない場合には，その効力を失ふ．

第五十五条　両議院は，各々その議員の資格に関する争訟を裁判する．但し，議員の議席を失はせるには，出席議員の三分の二以上の多数による議決を必要とする．

Article 47. Electoral districts, method of voting and other matters pertaining to the method of election of members of both Houses shall be fixed by law.

Article 48. No person shall be permitted to be a member of both Houses simultaneously.

Article 49. Members of both Houses shall receive appropriate annual payment from the national treasury in accordance with law.

Article 50. Except in cases provided by law, members of both Houses shall be exempt from apprehension while the Diet is in session, and any members apprehended before the opening of the session shall be freed during the term of the session upon demand of the House.

Article 51. Members of both Houses shall not be held liable outside the House for speeches, debates or votes cast inside the House.

Article 52. An ordinary session of the Diet shall be convoked once per year.

Article 53. The Cabinet may determine to convoke extraordinary sessions of the Diet. When a quarter or more of the total members of either House makes the demand, the Cabinet must determine on such convocation.

Article 54. When the House of Representatives is dissolved, there must be a general election of members of the House of Representatives within forty (40) days from the date of dissolution, and the Diet must be convoked within thirty (30) days from the date of the election.

When the House of Representatives is dissolved, the House of Councillors is closed at the same time. How-

第五十六条　両議院は，各々その総議員の三分の一以上の出席がなければ，議事を開き議決することができない．

② 両議院の議事は，この憲法に特別の定のある場合を除いては，出席議員の過半数でこれを決し，可否同数のときは，議長の決するところによる．

第五十七条　両議院の会議は，公開とする．但し，出席議員の三分の二以上の多数で議決したときは，秘密会を開くことができる．

② 両議院は，各々その会議の記録を保存し，秘密会の記録の中で特に秘密を要すると認められるもの以外は，これを公表し，且つ一般に頒布しなければならない．

③ 出席議員の五分の一以上の要求があれば，各議員の表決は，これを会議録に記載しなければならない．

第五十八条　両議院は，各々その議長その他の役員を選任する．

② 両議院は，各々その会議その他の手続及び内部の規律に関する規則を定め，又，院内の秩序をみだした議員を懲罰することができる．但し，議員を除名するには，出席議員の三分の二以上の多数による議決を必要とする．

第五十九条　法律案は，この憲法に特別の定のある場合を除いては，両議院で可決したとき法律となる．

② 衆議院で可決し，参議院でこれと異なつた議決をした法律案は，衆議院で出席議員の三分の二以上の多数で再び可決したときは，法律となる．

③ 前項の規定は，法律の定めるところにより，衆議院が，両議院の協議会を開くことを求めることを妨げない．

ever, the Cabinet may in time of national emergency convoke the House of Councillors in emergency session.

Measures taken at such session as mentioned in the proviso of the preceding paragraph shall be provisional and shall become null and void unless agreed to by the House of Representatives within a period of ten(10) days after the opening of the next session of the Diet.

Article 55. Each House shall judge disputes related to qualifications of its members. However, in order to deny a seat to any member, it is necessary to pass a resolution by a majority of two-thirds or more of the members present.

Article 56. Business cannot be transacted in either House unless one-third or more of total membership is present.

All matters shall be decided, in each House, by a majority of those present, except as elsewhere provided in the Constitution, and in case of a tie, the presiding officer shall decide the issue.

Article 57. Deliberation in each House shall be public. However, a secret meeting may be held where a majority of two-thirds or more of those members present passes a resolution therefor.

Each House shall keep a record of proceedings. This record shall be published and given general circulation, excepting such parts of proceedings of secret session as may be deemed to require secrecy.

Upon demand of one-fifth or more of the members present, votes of the members on any matter shall be recorded in the minutes.

Article 58. Each House shall select its own president and other officials.

④　参議院が，衆議院の可決した法律案を受け取つた後，国会休会中の期間を除いて六十日以内に，議決しないときは，衆議院は，参議院がその法律案を否決したものとみなすことができる．

第六十条　予算は，さきに衆議院に提出しなければならない．

②　予算について，参議院で衆議院と異なつた議決をした場合に，法律の定めるところにより，両議院の協議会を開いても意見が一致しないとき，又は参議院が，衆議院の可決した予算を受け取つた後，国会休会中の期間を除いて三十日以内に，議決しないときは，衆議院の議決を国会の議決とする．

第六十一条　条約の締結に必要な国会の承認については，前条第二項の規定を準用する．

第六十二条　両議院は，各々国政に関する調査を行ひ，これに関して，証人の出頭及び証言並びに記録の提出を要求することができる．

第六十三条　内閣総理大臣その他の国務大臣は，両議院の一に議席を有すると有しないとにかかはらず，何時でも議案について発言するため議院に出席することができる．又，答弁又は説明のため出席を求められたときは，出席しなければならない．

第六十四条　国会は，罷免の訴追を受けた裁判官を裁判するため，両議院の議員で組織する弾劾裁判所を設ける．

②　弾劾に関する事項は，法律でこれを定める．

Each House shall establish its rules pertaining to meetings, proceedings and internal discipline, and may punish members for disorderly conduct. However, in order to expel a member, a majority of two-thirds or more of those members present must pass a resolution thereon.

Article 59. A bill becomes a law on passage by both Houses, except as otherwise provided by the Constitution.

A bill which is passed by the House of Representatives, and upon which the House of Councillors makes a decision different from that of the House of Representatives, becomes a law when passed a second time by the House of Representatives by a majority of two-thirds or more of the members present.

The provision of the preceding paragraph does not preclude the House of Representatives from calling for the meeting of a joint committee of both Houses, provided for by law.

Failure by the House of Councillors to take final action within sixty(60)days after receipt of a bill passed by the House of Representatives, time in recess excepted, may be determined by the House of Representatives to constitute a rejection of the said bill by the House of Councillors.

Article 60. The budget must first be submitted to the House of Representatives.

Upon consideration of the budget, when the House of Councillors makes a decision different from that of the House of Representatives, and when no agreement can be reached even through a joint committee of both Houses, provided for by law, or in the case of failure by the House of Councillors to take final action within thir-

第五章　内　閣

第六十五条　行政権は，内閣に属する．

第六十六条　内閣は，法律の定めるところにより，その首長たる内閣総理大臣及びその他の国務大臣でこれを組織する．

②　内閣総理大臣その他の国務大臣は，文民でなければな

ty (30) days, the period of recess excluded, after the receipt of the budget passed by the House of Representatives, the decision of the House of Representatives shall be the decision of the Diet.

Article 61. The second paragraph of the preceding article applies also to the Diet approval required for the conclusion of treaties.

Article 62. Each House may conduct investigations in relation to government, and may demand the presence and testimony of witnesses, and the production of records.

Article 63. The Prime Minister and other Ministers of State may, at any time, appear in either House for the purpose of speaking on bills, regardless of whether they are members of the House or not. They must appear when their presence is required in order to give answers or explanations.

Article 64. The Diet shall set up an impeachment court from among the members of both Houses for the purpose of trying those judges against whom removal proceedings have been instituted.

Matters relating to impeachment shall be provided by law.

CHAPTER V. THE CABINET

Article 65. Executive power shall be vested in the Cabinet.

Article 66. The Cabinet shall consist of the Prime Minister, who shall be its head, and other Ministers of State, as provided for by law.

The Prime Minister and other Ministers of State must be civilians.

らない.

③ 内閣は，行政権の行使について，国会に対し連帯して責任を負ふ.

第六十七条 内閣総理大臣は，国会議員の中から国会の議決で，これを指名する．この指名は，他のすべての案件に先だつて，これを行ふ.

② 衆議院と参議院とが異なつた指名の議決をした場合に，法律の定めるところにより，両議院の協議会を開いても意見が一致しないとき，又は衆議院が指名の議決をした後，国会休会中の期間を除いて十日以内に，参議院が，指名の議決をしないときは，衆議院の議決を国会の議決とする.

第六十八条 内閣総理大臣は，国務大臣を任命する．但し，その過半数は，国会議員の中から選ばれなければならない.

② 内閣総理大臣は，任意に国務大臣を罷免することができる.

第六十九条 内閣は，衆議院で不信任の決議案を可決し，又は信任の決議案を否決したときは，十日以内に衆議院が解散されない限り，総辞職をしなければならない.

第七十条 内閣総理大臣が欠けたとき，又は衆議院議員総選挙の後に初めて国会の召集があつたときは，内閣は，総辞職をしなければならない.

第七十一条 前二条の場合には，内閣は，あらたに内閣総理大臣が任命されるまで引き続きその職務を行ふ.

第七十二条 内閣総理大臣は，内閣を代表して議案を国会

The Cabinet, in the exercise of executive power, shall be collectively responsible to the Diet.

Article 67. The Prime Minister shall be designated from among the members of the Diet by a resolution of the Diet. This designation shall precede all other business.

If the House of Representatives and the House of Councillors disagree and if no agreement can be reached even through a joint committee of both Houses, provided for by law, or the House of Councillors fails to make designation within ten(10)days, exclusive of the period of recess, after the House of Representatives has made designation, the decision of the House of Representatives shall be the decision of the Diet.

Article 68. The Prime Minister shall appoint the Ministers of State. However, a majority of their number must be chosen from among the members of the Diet.

The Prime Minister may remove the Ministers of State as he chooses.

Article 69. If the House of Representatives passes a non-confidence resolution, or rejects a confidence resolution, the Cabinet shall resign en masse, unless the House of Representatives is dissolved within ten(10) days.

Article 70. When there is a vacancy in the post of Prime Minister, or upon the first convocation of the Diet after a general election of members of the House of Representatives, the Cabinet shall resign en masse.

Article 71. In the cases mentioned in the two preceding articles, the Cabinet shall continue its functions until the time when a new Prime Minister is appointed.

Article 72. The Prime Minister, representing the Cabinet, submits bills, reports on general national affairs

に提出し，一般国務及び外交関係について国会に報告し，並びに行政各部を指揮監督する．

第七十三条　内閣は，他の一般行政事務の外，左の事務を行ふ．

一　法律を誠実に執行し，国務を総理すること．

二　外交関係を処理すること．

三　条約を締結すること．但し，事前に，時宜によつては事後に，国会の承認を経ることを必要とする．

四　法律の定める基準に従ひ，官吏に関する事務を掌理すること．

五　予算を作成して国会に提出すること．

六　この憲法及び法律の規定を実施するために，政令を制定すること．但し，政令には，特にその法律の委任がある場合を除いては，罰則を設けることができない．

七　大赦，特赦，減刑，刑の執行の免除及び復権を決定すること．

第七十四条　法律及び政令には，すべて主任の国務大臣が署名し，内閣総理大臣が連署することを必要とする．

第七十五条　国務大臣は，その在任中，内閣総理大臣の同意がなければ，訴追されない．但し，これがため，訴追の権利は，害されない．

第六章　司　法

第七十六条　すべて司法権は，最高裁判所及び法律の定めるところにより設置する下級裁判所に属する．

and foreign relations to the Diet and exercises control and supervision over various administrative branches.

Article 73. The Cabinet, in addition to other general administrative functions, shall perform the following functions:

Administer the law faithfully; conduct affairs of state.

Manage foreign affairs.

Conclude treaties. However, it shall obtain prior or, depending on circumstances, subsequent approval of the Diet.

Administer the civil service, in accordance with standards established by law.

Prepare the budget, and present it to the Diet.

Enact cabinet orders in order to execute the provisions of this Constitution and of the law. However, it cannot include penal provisions in such cabinet orders unless authorized by such law.

Decide on general amnesty, special amnesty, commutation of punishment, reprieve, and restoration of rights.

Article 74. All laws and cabinet orders shall be signed by the competent Minister of State and countersigned by the Prime Minister.

Article 75. The Ministers of State, during their tenure of office, shall not be subject to legal action without the consent of the Prime Minister. However, the right to take that action is not impaired hereby.

CHAPTER VI. JUDICIARY

Article 76. The whole judicial power is vested in a Supreme Court and in such inferior courts as are established by law.

② 特別裁判所は，これを設置することができない．行政機関は，終審として裁判を行ふことができない．

③ すべて裁判官は，その良心に従ひ独立してその職権を行ひ，この憲法及び法律にのみ拘束される．

第七十七条　最高裁判所は，訴訟に関する手続，弁護士，裁判所の内部規律及び司法事務処理に関する事項について，規則を定める権限を有する．

② 検察官は，最高裁判所の定める規則に従はなければならない．

③ 最高裁判所は，下級裁判所に関する規則を定める権限を，下級裁判所に委任することができる．

第七十八条　裁判官は，裁判により，心身の故障のために職務を執ることができないと決定された場合を除いては，公の弾劾によらなければ罷免されない．裁判官の懲戒処分は，行政機関がこれを行ふことはできない．

第七十九条　最高裁判所は，その長たる裁判官及び法律の定める員数のその他の裁判官でこれを構成し，その長たる裁判官以外の裁判官は，内閣でこれを任命する．

② 最高裁判所の裁判官の任命は，その任命後初めて行はれる衆議院議員総選挙の際国民の審査に付し，その後十年を経過した後初めて行はれる衆議院議員総選挙の際更に審査に付し，その後も同様とする．

③ 前項の場合において，投票者の多数が裁判官の罷免を可とするときは，その裁判官は，罷免される．

④ 審査に関する事項は，法律でこれを定める．

⑤ 最高裁判所の裁判官は，法律の定める年齢に達した時

No extraordinary tribunal shall be established, nor shall any organ or agency of the Executive be given final judicial power.

All judges shall be independent in the exercise of their conscience and shall be bound only by this Constitution and the laws.

Article 77. The Supreme Court is vested with the rule-making power under which it determines the rules of procedure and of practice, and of matters relating to attorneys, the internal discipline of the courts and the administration of judicial affairs.

Public procurators shall be subject to the rule-making power of the Supreme Court.

The Supreme Court may delegate the power to make rules for inferior courts to such courts.

Article 78. Judges shall not be removed except by public impeachment unless judicially declared mentally or physically incompetent to perform official duties. No disciplinary action against judges shall be administered by any executive organ or agency.

Article 79. The Supreme Court shall consist of a Chief Judge and such number of judges as may be determined by law; all such judges excepting the Chief Judge shall be appointed by the Cabinet.

The appointment of the judges of the Supreme Court shall be reviewed by the people at the first general election of members of the House of Representatives following their appointment, and shall be reviewed again at the first general election of members of the House of Representatives after a lapse of ten (10) years, and in the same manner thereafter.

In cases mentioned in the foregoing paragraph, when the

に退官する．
⑥　最高裁判所の裁判官は，すべて定期に相当額の報酬を受ける．この報酬は，在任中，これを減額することができない．

第八十条　下級裁判所の裁判官は，最高裁判所の指名した者の名簿によつて，内閣でこれを任命する．その裁判官は，任期を十年とし，再任されることができる．但し，法律の定める年齢に達した時には退官する．
②　下級裁判所の裁判官は，すべて定期に相当額の報酬を受ける．この報酬は，在任中，これを減額することができない．

第八十一条　最高裁判所は，一切の法律，命令，規則又は処分が憲法に適合するかしないかを決定する権限を有する終審裁判所である．

第八十二条　裁判の対審及び判決は，公開法廷でこれを行ふ．
②　裁判所が，裁判官の全員一致で，公の秩序又は善良の風俗を害する虞があると決した場合には，対審は，公開しないでこれを行ふことができる．但し，政治犯罪，出版に関する犯罪又はこの憲法第三章で保障する国民の権利が問題となつてゐる事件の対審は，常にこれを公開しなければならない．

第七章　財　政

第八十三条　国の財政を処理する権限は，国会の議決に基いて，これを行使しなければならない．

majority of the voters favors the dismissal of a judge, he shall be dismissed.

Matters pertaining to review shall be prescribed by law.

The judges of the Supreme Court shall be retired upon the attainment of the age as fixed by law.

All such judges shall receive, at regular stated intervals, adequate compensation which shall not be decreased during their terms of office.

Article 80. The judges of the inferior courts shall be appointed by the Cabinet from a list of persons nominated by the Supreme Court. All such judges shall hold office for a term of ten(10)years with privilege of reappointment, provided that they shall be retired upon the attainment of the age as fixed by law.

The judges of the inferior courts shall receive, at regular stated intervals, adequate compensation which shall not be decreased during their terms of office.

Article 81. The Supreme Court is the court of last resort with power to determine the constitutionality of any law, order, regulation or official act.

Article 82. Trials shall be conducted and judgment declared publicly.

Where a court unanimously determines publicity to be dangerous to public order or morals, a trial may be conducted privately, but trials of political offenses, offenses involving the press or cases wherein the rights of people as guaranteed in Chapter III of this Constitution are in question shall always be conducted publicly.

CHAPTER VII. FINANCE

Article 83. The power to administer national finances shall be exercised as the Diet shall determine.

第八十四条　あらたに租税を課し，又は現行の租税を変更するには，法律又は法律の定める条件によることを必要とする．

第八十五条　国費を支出し，又は国が債務を負担するには，国会の議決に基くことを必要とする．

第八十六条　内閣は，毎会計年度の予算を作成し，国会に提出して，その審議を受け議決を経なければならない．

第八十七条　予見し難い予算の不足に充てるため，国会の議決に基いて予備費を設け，内閣の責任でこれを支出することができる．

②　すべて予備費の支出については，内閣は，事後に国会の承諾を得なければならない．

第八十八条　すべて皇室財産は，国に属する．すべて皇室の費用は，予算に計上して国会の議決を経なければならない．

第八十九条　公金その他の公の財産は，宗教上の組織若しくは団体の使用，便益若しくは維持のため，又は公の支配に属しない慈善，教育若しくは博愛の事業に対し，これを支出し，又はその利用に供してはならない．

第九十条　国の収入支出の決算は，すべて毎年会計検査院がこれを検査し，内閣は，次の年度に，その検査報告とともに，これを国会に提出しなければならない．

②　会計検査院の組織及び権限は，法律でこれを定める．

第九十一条　内閣は，国会及び国民に対し，定期に，少くとも毎年一回，国の財政状況について報告しなければならない．

Article 84. No new taxes shall be imposed or existing ones modified except by law or under such conditions as law may prescribe.

Article 85. No money shall be expended, nor shall the State obligate itself, except as authorized by the Diet.

Article 86. The Cabinet shall prepare and submit to the Diet for its consideration and decision a budget for each fiscal year.

Article 87. In order to provide for unforeseen deficiencies in the budget, a reserve fund may be authorized by the Diet to be expended upon the responsibility of the Cabinet.

The Cabinet must get subsequent approval of the Diet for all payments from the reserve fund.

Article 88. All property of the Imperial Household shall belong to the State. All expenses of the Imperial Household shall be appropriated by the Diet in the budget.

Article 89. No public money or other property shall be expended or appropriated for the use, benefit or maintenance of any religious institution or association, or for any charitable, educational or benevolent enterprises not under the control of public authority.

Article 90. Final accounts of the expenditures and revenues of the State shall be audited annually by a Board of Audit and submitted by the Cabinet to the Diet, together with the statement of audit, during the fiscal year immediately following the period covered.

The organization and competency of the Board of Audit shall be determined by law.

Article 91. At regular intervals and at least annually the Cabinet shall report to the Diet and the people on the state of national finances.

第八章　地方自治

第九十二条　地方公共団体の組織及び運営に関する事項は，地方自治の本旨に基いて，法律でこれを定める.

第九十三条　地方公共団体には，法律の定めるところにより，その議事機関として議会を設置する.

② 地方公共団体の長，その議会の議員及び法律の定めるその他の吏員は，その地方公共団体の住民が，直接これを選挙する.

第九十四条　地方公共団体は，その財産を管理し，事務を処理し，及び行政を執行する権能を有し，法律の範囲内で条例を制定することができる.

第九十五条　一の地方公共団体のみに適用される特別法は，法律の定めるところにより，その地方公共団体の住民の投票においてその過半数の同意を得なければ，国会は，これを制定することができない.

第九章　改　正

第九十六条　この憲法の改正は，各議院の総議員の三分の二以上の賛成で，国会が，これを発議し，国民に提案してその承認を経なければならない．この承認には，特別の国民投票又は国会の定める選挙の際行はれる投票において，その過半数の賛成を必要とする.

② 憲法改正について前項の承認を経たときは，天皇は，国民の名で，この憲法と一体を成すものとして，直ちにこれを公布する.

CHAPTER VIII. LOCAL SELF-GOVERNMENT

Article 92. Regulations concerning organization and operations of local public entities shall be fixed by law in accordance with the principle of local autonomy.

Article 93. The local public entities shall establish assemblies as their deliberative organs, in accordance with law.

The chief executive officers of all local public entities, the members of their assemblies, and such other local officials as may be determined by law shall be elected by direct popular vote within their several communities.

Article 94. Local public entities shall have the right to manage their property, affairs and administration and to enact their own regulations within law.

Article 95. A special law, applicable only to one local public entity, cannot be enacted by the Diet without the consent of the majority of the voters of the local public entity concerned, obtained in accordance with law.

CHAPTER IX. AMENDMENTS

Article 96. Amendments to this Constitution shall be initiated by the Diet, through a concurring vote of two-thirds or more of all the members of each House and shall thereupon be submitted to the people for ratification, which shall require the affirmative vote of a majority of all votes cast thereon, at a special referendum or at such election as the Diet shall specify.

Amendments when so ratified shall immediately be promulgated by the Emperor in the name of the people, as an integral part of this Constitution.

第十章　最高法規

第九十七条　この憲法が日本国民に保障する基本的人権は，人類の多年にわたる自由獲得の努力の成果であつて，これらの権利は，過去幾多の試錬に堪へ，現在及び将来の国民に対し，侵すことのできない永久の権利として信託されたものである．

第九十八条　この憲法は，国の最高法規であつて，その条規に反する法律，命令，詔勅及び国務に関するその他の行為の全部又は一部は，その効力を有しない．

②　日本国が締結した条約及び確立された国際法規は，これを誠実に遵守することを必要とする．

第九十九条　天皇又は摂政及び国務大臣，国会議員，裁判官その他の公務員は，この憲法を尊重し擁護する義務を負ふ．

第十一章　補　則

第百条　この憲法は，公布の日から起算して六箇月を経過した日から，これを施行する．

②　この憲法を施行するために必要な法律の制定，参議院議員の選挙及び国会召集の手続並びにこの憲法を施行するために必要な準備手続は，前項の期日よりも前に，これを行ふことができる．

第百一条　この憲法施行の際，参議院がまだ成立してゐないときは，その成立するまでの間，衆議院は，国会としての権限を行ふ．

CHAPTER X. SUPREME LAW

Article 97. The fundamental human rights by this Constitution guaranteed to the people of Japan are fruits of the age-old struggle of man to be free; they have survived the many exacting tests for durability and are conferred upon this and future generations in trust, to be held for all time inviolate.

Article 98. This Constitution shall be the supreme law of the nation and no law, ordinance, imperial rescript or other act of government, or part thereof, contrary to the provisions hereof, shall have legal force or validity.

The treaties concluded by Japan and established laws of nations shall be faithfully observed.

Article 99. The Emperor or the Regent as well as Ministers of State, members of the Diet, judges, and all other public officials have the obligation to respect and uphold this Constitution.

CHAPTER XI. SUPPLEMENTARY PROVISIONS

Article 100. This Constitution shall be enforced as from the day when the period of six months will have elapsed counting from the day of its promulgation.

The enactment of laws necessary for the enforcement of this Constitution, the election of members of the House of Councillors and the procedure for the convocation of the Diet and other preparatory procedures necessary for the enforcement of this Constitution may be executed before the day prescribed in the preceding paragraph.

Article 101. If the House of Councillors is not constituted before the effective date of this Constitution, the House of Representatives shall function as the Diet un-

第百二条　この憲法による第一期の参議院議員のうち，その半数の者の任期は，これを三年とする．その議員は，法律の定めるところにより，これを定める．

第百三条　この憲法施行の際現に在職する国務大臣，衆議院議員及び裁判官並びにその他の公務員で，その地位に相応する地位がこの憲法で認められてゐる者は，法律で特別の定をした場合を除いては，この憲法施行のため，当然にはその地位を失ふことはない．但し，この憲法によつて，後任者が選挙又は任命されたときは，当然その地位を失ふ．

til such time as the House of Councillors shall be constituted.

Article 102. The term of office for half the members of the House of Councillors serving in the first term under this Constitution shall be three years. Members falling under this category shall be determined in accordance with law.

Article 103. The Ministers of State, members of the House of Representatives, and judges in office on the effective date of this Constitution, and all other public officials, who occupy positions corresponding to such positions as are recognized by this Constitution shall not forfeit their positions automatically on account of the enforcement of this Constitution unless otherwise specified by law. When, however, successors are elected or appointed under the provisions of this Constitution they shall forfeit their positions as a matter of course.